Draußen zu sein ist cool!

Mit Fahrrad und Zelt bricht der Autor auf, um die deutsche Ostseeküste und möglichst viele ihrer „Ureinwohner" kennenzulernen. Dabei will er herausstellen, dass der Erlebnis- und Erholungswert von individuell maßgeschneiderten Touren wesentlich größer ist, als der des organisierten Fahrradtourismus.

Die Zauberformel heißt: keine Buchungen, keine Termine, kein Stress! Spaß am Leben in der freien Natur kann jeder einfach selbst organisieren. Dabei ist der Grundsatz zu berücksichtigen: „Weniger ist mehr!"

Falls sich kein passender Reisebegleiter findet, sollte deshalb keinesfalls die Gelegenheit zu einer Tour ausgelassen werden. Der Autor legt Ihnen aus eigener Erfahrung wärmstens ans Herz: Springen Sie über Ihren Schatten und fahren sie einfach los! Unterwegs werden sie feststellen, dass Bekanntschaften so viel leichter entstehen, als kämen Sie in einem ganzen Rudel daher.

Damit das „Kofferpacken" auch zuverlässig klappt, finden Sie viele nützliche, praxisorientierte Tipps in diesem Reisebericht wieder. Zusätzlich gibt es im Anhang einen detaillierten Packplan für über hundert, teils gewichtsoptimierte, Ausrüstungsgegenstände, die man für längere Touren unbedingt dabeihaben sollte.

Wer also gerne Fahrrad fährt und mit dem Gedanken spielt, einen stressfreien Urlaub draußen in der freien Natur zu erleben, für den ist dieses Werk ein muss!

Manfred Marx, Jahrgang 1951, Ex-Berufssoldat, Betriebswirt und gelernter Maschinenschlosser lebt im Kreis Cloppenburg.

Dieses Buch widme ich all den „Guten Geistern", die zum Gelingen dieser Reise beigetragen haben und mir in bedrohlichen Situationen kompetent zur Seite standen.

Besonders danke ich meiner lieben Frau Angelika für ihr Verständnis für meine alljährlichen Extratouren.

Manfred Marx

Cool Running

Auf dem Ostseeküstenradweg

Der perfekte Urlaub mit Rad und Zelt

Detaillierter Ratgeber für die optimale Ausrüstung,

Mutmacher für Zauderer und

Erlebnisbericht über 1300 paradiesische Kilometer entlang der deutschen Ostseeküste

www.tredition.de

© 2011
Autor: Manfred Marx
Umschlaggestaltung, Illustration: Manfred Marx

Verlag: tredition GmbH, Hamburg
ISBN: 978-3-8424-0206-5
Printed in Germany

Bibliografische Information der Deutschen Nationalbibliothek:
Die Deutsche Nationalbibliothek verzeichnet diese Publikation in der Deutschen Nationalbibliografie; detaillierte bibliografische Daten sind im Internet über http://dnb.d-nb.de abrufbar.

Inhaltsverzeichnis

Cool Running

Travemünde – die Passat mit ihren 54m hohen Masten hinter dem Jachthafen

Urlaub, eine heilige Kuh? Deutschland und Dänemark führen im europäischen Vergleich der arbeitsfreien Tage pro Jahr. Der Durchschnittseuropäer wird aber kaum Mittel und Möglichkeiten haben, bis zu 40 Tage am Stück zu verreisen. Selbst die sogenannten Zeitmillionäre, die Früh- und anderen Rentner sowie Pensionäre werden in der Regel eher Kurzreisen unternehmen.

Wie kann man nun aber diese schönsten Tage im Jahr verbringen? Was muss man tun, damit die „alljährlich wiederkehrende Qual der Urlaubsreisewahl" auch zum optimalen Ergebnis führt? Wie rechtzeitig muss man, wo was buchen? Muss man überhaupt buchen? Sollte man alles minutiös planen und vorbereiten? Welche Risiken können entstehen? Mit solchen oder ähnlichen Fragen beschäftigen sich viele Urlaubsaspiranten immer wieder.

Es soll Zeitgenossen geben, die haben den Kredit für die letzte Urlaubsreise noch nicht abbezahlt und planen schon die nächste große Fahrt. Andere kratzen ihre Barschaft zusammen für eine Pauschalflugreise in die südliche Sommerhitze und vergeuden dann ihre kostbare Zeit im gekühlten Hotelzimmer beim Fernsehen.

Kreuzfahrten sind mittlerweile „in". Die Preise sind schon erschwinglicher geworden, aber was soll man zwei Wochen lang auf einem Schiff anfangen? Wellness- oder Fitness-Center? Fünfmal am Tag essen? Bedenklich finde ich es, wenn Tausende von Passagieren „Landgang" haben und über kleinste Ortschaften oder gar Inselchen herfallen.

Das Urlaubsziel als Prestigeobjekt? Ich kenne Leute, die Besuche in fernen Ländern und Erdteilen regelrecht „sammeln und abhaken": Das sind für mich die „Da-war-ich-auch-schon-mal" Typen. Schließlich klingt es ja auch besser, nach Urlaubsende bei den Arbeitskollegen locker die Bemerkung einzustreuen:

„Wir haben noch Sand in den Schuhen von Hawaii" als etwa:

„Saba Burg mit dem Fahrrad."

Die Geschmäcker sind naturgemäß gänzlich verschieden und letztendlich soll ja, gemäß Friedrich II, „jeder nach seiner Fasson selig werden".

Wozu man sich aus welchen Gründen auch immer entscheiden mag, viele Familien oder Pärchen setzen sich fürchterlichstem Stress aus und der mündet dann auf Reisen nicht selten im Super GAU, denn Familien, in denen mindestens ein Ehepartner im normalen Berufsleben steht, sind es vielfach nicht gewohnt, 7 Tage die Woche, 24 Stunden am Tag zusammen zu sein und müssen, ausgerechnet im Urlaub, dies erst wieder lernen. Den gleichen Effekt durfte ich früher mit meinen „olivgrünen Kameraden" regelmäßig nach etwa drei Tagen auf Truppenübungsplätzen oder im Manöver erleben. Ich persönlich hasse Streit, und zwar ganz besonders auf Reisen: „Urlaubsreise mit Hasskappe?" Das wäre mehr als kontraproduktiv!

Auch mag ich mich absolut nicht festlegen und mich erst recht nicht irgendeinem „08/15-Touristenprogramm" unterordnen. Mit Sicherheit haben knapp vier Jahrzehnte permanente Dienstplanabhängigkeit bei mir einen bleibenden Eindruck hinterlassen.

Meines Erachtens ist das Erholsame am Urlaub, dass man in diesen Wochen gänzlich anders leben sollte als gewöhnlich und das heißt hauptsächlich:

R A U S !

Raus aus der Alltagsroutine und raus aus der Bude. Bliebe ich zu Hause, lauerten mir – hinterhältig und penetrant - sämtliche noch nicht erledigten Arbeiten drinnen sowie draußen auf. Besonders mein arbeitsintensiver Staudengarten mit der ständigen Bedrohung durch die „Urnatur", in Form von Giersch, Hahnenfuß, Schnecken, Läusen und anderen Schädlingen, gäbe keine Ruhe, frei nach dem Motto: Zuerst hatte ich einen Garten, jetzt hat er mich!

Es gibt noch einen ganz anderen Aspekt, den ich mit dem folgenden Beispiel erläutern möchte: Mein erster mehrwöchiger Schießplatzaufenthalt in Bergen Hohne fand im kühlen, regnerischen Mai 1971 statt. Wir waren draußen in „Dackelgaragen" (Zweimannzelten) untergebracht und „genossen" primitivstes Lagerleben. Unsere Toilette war ein sogenannter „Achtzylinder" (primitive Mehrpersonenholztoilette mit acht „Einschuss-Löchern").

Dreimal darf der Leser raten, mit welcher vorher nie da gewesenen Wertschätzung ich anschließend zu Hause die Sauberkeit, Wärme und Hygiene unseres Badezimmers wahrgenommen habe! Ich kann mich noch genauestens daran erinnern, damals im Verlaufe einer normalerweise täglich wiederkehrenden menschlichen Verrichtung anerkennend sinniert zu haben: "Ich finde das so toll, wie hier alles glänzt und spiegelt". Worauf mir meine liebe Ehefrau Angelika die Teilnahme an einer „Wunderlichkeitsuntersuchung" empfahl.

Um das Bewusstsein dafür zu sensibilisieren, dass ein gewisser Lebensstandard eben nicht selbstverständlich ist, rate ich zu einem möglichst längeren „Primitiv Urlaub".

Freie Zeit und freie Entfaltung sind meiner Auffassung nach untrennbar. Also geht nur etwas sehr Individuelles. Was liegt da näher, als mir selbst eine maßgeschneiderte Tour „zu stricken", bei der ich die wichtigsten Hobbys einfließen lassen kann?

Nun hat unsere Heimat glücklicherweise sehr viel zu bieten, und obwohl ich bereits elfmal umgezogen bin, gibt es noch viel zu entdecken. Der Eiserne Vorhang fiel 1989 aber was habe ich schon von den neuen Bundesländern gesehen?

Alea iacta est! (Die Würfel sind gefallen!)

Aufgrund der Wettervorhersagen für Anfang Juli – drei ausgedehnte Hochdruckgebiete und sommerliche Temperaturen weit über 30 Grad – beschließe ich am 29. Juni 2010 mein „Miniwohnmobil" (Fahrrad und Anhänger) startklar zu machen und für ein bis zwei Wochen dem Ostsee-Küstenradweg von Flensburg beginnend zu folgen. Auf ein festes Ziel, das es zu erreichen gilt, lege ich mich ganz bewusst nicht fest. Ich werde also fahren, „soweit der Hintern trägt", solange es mir Spaß macht und mir der Wettergott wohlgesonnen bleibt.

Die grobe Planung: von Flensburg gen Osten.

Da ich bereits im letzten Jahr eine herrliche, unvergessliche „Acht Flüsse Fahrradtour" von der niederländischen bis an die dänische Grenze genossen hatte, beschließe ich dieses Mal, den Ausgangspunkt meiner Reise, nämlich Flensburg, per Bahn zu erreichen.

Meine Ziele für die Reise sind: Land und Leute kennenlernen, fotografieren und viel Sport treiben. Meine relativ gute Kondition kann ich nur erhalten, wenn ich regelmäßig etwas dafür tue. Im Übrigen wäre ich auch nicht traurig, sozusagen als Abfallprodukt, ein paar Kilo meines „kostbaren Hüftgoldes" loszuwerden. Und viel schwimmen möchte ich. Wenn immer es mir zu heiß wird, werde ich mich nicht lange zieren, dem ewigen Locken der erfrischenden Ostsee-Brandung nachzugeben. Da ich kein Freund von (Chlorwasser) Badeanstalten bin, habe ich einen großen Nachholbedarf. Deshalb wird es auch keine Jagd auf Super-Tageskilometerleistungen oder hohe Durchschnittsgeschwindigkeiten geben.

Ich strebe eine radikale Abkehr vom gewohnten Alltag an. Ich möchte möglichst nur draußen sein. Frei und unabhängig. Dabei versuche ich den „Eiertanz" zu schaffen zwischen menschenwürdigem Leben einerseits und Reisegepäckminimierung andererseits.

Das Minizelt wird meine Herberge sein, das Fahrrad Garant für (umweltfreundliche) Mobilität. Kein Ärger an den Tankstellen, keine Parkplatznöte, keine Abzocke. Ich verzichte auf Reservierungen für Campingplätze, Hotels, Jugendherbergen und Ähnliches. Das würde meinen Tagesablauf zu sehr beeinflussen und mich unter Zeitdruck setzen. Wenn es mir irgendwo gefällt, will ich vielleicht spontan länger bleiben können. Warum sollte man sich ausgerechnet im Urlaub dem Stress aussetzen, zum Beispiel bei Starkregen weiterfahren zu müssen, um eine Reservierung einzuhalten? Einen Zeltplatz habe ich noch immer bekommen, auch in der Hauptsaison.

Soweit mein ganz persönliches Rezept für einen erlebnisreichen, unabhängigen und gesunden Urlaub nach Maß. Natürlich, das gebe ich unumwunden zu, sollte man nicht gerade losfahren, wenn der Wetterdienst mehrere Tiefdruckgebiete für den angepeilten Reisezeitraum vorhersagt! Für diesen Fall empfiehlt sich ein Plan „B"!

Die finanzielle Planung

Die Haushaltskasse wird mit rund 150 € für die Bahn (Fahrt zum Ausgangspunkt der Tour und Rückfahrt am Schluss mit günstigen Ländertickets) und für Fähren belastet. Für etwa 12 Zeltplatzübernachtungen plane ich weitere 150 € ein. Wenn ich tatsächlich mit bescheidenen 20 € für meinen sonstigen täglichen Bedarf auskommen sollte (ich weiß, das klingt mindestens nach Selbstzüchtigung) und keine außergewöhnlichen Zwischenfälle mehr vorkommen, liege ich bei etwa 600 €. Das ist tatsächlich kein Billigurlaub! Diesen Preis zahlt man auch für eine zweiwöchige Pauschalflugreise an die türkische Mittelmeerküste einschließlich Vollpension. Also, Individualreisen mit dem Fahrrad haben leider auch ihren Preis, von der Ausrüstung, die man dazu benötigt ganz zu schweigen.

Reisebegleitung?

Die Fahrradbegeisterten in der Verwandtschaft sind schnell gecheckt.

„Nein, im Moment geht das überhaupt nicht! Wir sind gerade jetzt so busy, da ist leider gar nicht dran zu denken" bedauert die Eine.

„Was? Na klar, wir haben öfter darüber geredet, und ja, das Wetter wird Spitze, habe ich auch gehört, ja, Mensch, aber so plötzlich?" Und so oder ähnlich geht es weiter.

Mitfahrer kann man auch über Suchanzeigen in der Zeitung oder beim ADFC online finden. Aber, um dann eventuell mit einer wildfremden Person die gesamte Tour auszuhandeln, womöglich bei jeder Wegegabelung hintergründig das Für und Wider der einen oder der anderen Option auszuloten, darauf würde ich mich niemals einlassen. Da kann sie noch so interessant sein, die Anzeige!

Eines ist generell noch erwähnenswert: Es gibt die „Möchtegern-Fahrradwanderer", das ist die Spezies der bestens präparierten Sportler, denen nur das „Push-the-Start-Button" Gen abhandengekommen zu sein scheint. Sie halten sich über Jahre Fachzeitschriften, studieren haufenweise Tourenbeschreibungen und sind in Gedanken schon auf großer Fahrt. Sie diskutieren bei jeder Gelegenheit über: „Wie schön wäre es doch .... „ Geld ist dabei oft kein Problem, sie besitzen die modernste Technik, was aber fehlt, ist der Mut und die Entschlossenheit auch wirklich abzudampfen! Der letzte Kick in den „Selben" wird zum schier unüberwindbaren Hindernis. Ihre Ausreden, Entschuldigungen und vorgeschobenen Verhinderungsgründe wirken wie Opium gegen sich selbst. Wie oft höre ich Sätze, die mit "Ich würd' ja gern, aber...." beginnen.

„Wenn die Zeit kommt, in der man könnte,

ist die vorüber, in der man kann"

Marie von Ebner-Eschenbach, Schriftstellerin

Ich werde also (wieder) allein fahren. Dieser Urlaub ist derart maßgeschneidert für mich, dass es logischerweise niemanden in meinem Umfeld geben kann, der erstens gleichermaßen verrückt und zweitens zur selben Zeit abkömmlich wäre. Warum sollte ein „potenzieller Mittäter" auch nur annähernd den gleichen Fahrrhythmus oder die gleichen kulturellen Interessen und Schwerpunkte haben? Gibt es eben nicht!

Fazit: Es wäre schon perfekt, mit einer passenden Begleitung loszufahren aber soll ich deshalb bis zum „Sankt Nimmerleinstag" warten?

Bei näherer Betrachtung hat eine Solotour auch Vorteile:

- Es gibt keine gegenseitige Ver- oder Behinderung durch Terminnöte.
- Es bedarf keiner Kompromisse, Rücksichtsnahmen, kein Warten, keine Nörgeleien, kein ständiges Umschauen und auch kein Hinterherfahren!
- Ich kann völlig frei entscheiden, mal „richtig reinzuhauen" oder den ganzen Tag über am Strand zu faulenzen. Mich wird von Zeit zu Zeit höchstens *ein* (notorischer) Nörgler heimsuchen: Mein innerer Schweinehund, aber mit dem kenn ich mich gut aus, der wird notfalls gefesselt und geknebelt wie einst der Barde Troubadix beim gallischen Bankett.
- Und schließlich kann ich mal wieder richtig „in mich gehen". Keiner kaut mir ein Ohr ab, ich kann stundenlang über Gott und die Welt nach-

denken, in Erinnerungen schwelgen und einige Jahrzehnte meines Lebens Revue passieren lassen.

Die Ausrüstung

Das Fahrrad mit Trinkflaschen und Teleskophocker, Zelt samt Zubehör im Anhänger, zwei Packtaschen mit Bekleidung, eine Lenkertasche mit wichtigen, stets griffbereiten Dingen und einen Rucksack für den Einkauf unterwegs, das ist alles, was man benötigt. Aufgrund früherer Radtourerfahrungen ist meine Ausrüstung komplett, zweckmäßig und rigoros minimiert, sowohl in Anzahl als auch im Gewicht. Sie ist ausgiebig erprobt, trotzdem fallen mir immer wieder Verbesserungen oder Änderungen ein, die ich dann meistens in den Wintermonaten umsetze. Ein paar Vorräte, die so etwas wie eine permanente Grundausstattung bedeuten, wie zuckerarmes Müsli fürs Frühstück, Müsliriegel für unterwegs sowie Miniportionen Espresso, Cappuccino, Kaffeemilch, Zucker und Salz sind ständig in der kleinen Campingküche verstaut. Da ich diese „Feldküche" auch bei Eintagesfahrten, in der Packtasche verstaut mitnehme, wird Verbrauchtes regelmäßig aufgefüllt. Näheres siehe Anhang!

Das Fahrrad

Meinen Drahtesel, den ich im Jahr 2000 während einer mehrjährigen Auslandstätigkeit in Maastricht für 450 Gulden erstanden hatte, wurde mir als „englisches Raleigh" verkauft. Als ich fünf Jahre später in den Kreis Cloppenburg umzog, wurde mir dort schnell erklärt, woher mein Rad wirklich stammt: Es ist „Made in Germany by Fa. Kalkhoff" aus Cloppenburg bzw. Quakenbrück. Das ursprünglich als Mountainbike auf die Welt gekommene Vehikel habe ich durch einige Änderungen in ein Tourenrad – sorry: Trekking Rad - umgewandelt. Es sieht immer noch aus wie neu, es hat, aufgrund sehr hoher Kilometerleistung neue Ritzel, eine neue Kette und ist mit „Schwalbe Marathon Plus Reifen" bestens gegen Reifenpannen geschützt. Ganz wichtig für das sichere Abstellen des Gespanns ist der Mittelständer am Fahrrad und der linke Seitenständer am Anhänger. Wegen des Gewichtes der Lenkertasche musste ein Lenkbegrenzer eingebaut werden. Das Vorderrad habe ich gegen eines mit Naben-Dynamo ausgetauscht. Seit dem erhelle ich das Dunkel mit viel „Lux", Standlichtfunktion vorn und hinten ist selbstverständlich eingeschlossen.

Frei nach Konfuzius ist es schließlich besser, ein Lichtlein anzuzünden, als ewig über die Dunkelheit zu jammern!

Das sollten sich übrigens unsere Volksrepräsentanten, egal welcher Couleur, hin und wieder ins Bewusstsein rufen!

Der Recycling-Fahrradanhänger

Der selbst entwickelte und fast ausschließlich aus Altteilen angefertigte Einradanhänger hat sich nach mittlerweile mehr als zweitausend Test-Kilometern als absolut zuverlässig erwiesen. Er ist das Rückgrat meines „Miniwohnmobils" und trägt hauptsächlich Ausrüstung, die bei Touren mit Übernachtungen benötigt werden, wie Zelt samt Zubehör. Auch die maßgeschneiderte „Gulasch-Kanone" ist mit an Bord. Unterwegs kann ich jederzeit und ohne Aufwand z. B.: Kaffee oder auch Mahlzeiten bereiten.

Das Gefährt ist sechsfach kugelgelagert hat eine gefederte Schwingachse, einen festen, zum Fahrrad passend lackierten Kunststoffaufbau und ist pure Handarbeit:

- Die Kugellager stammen von ausgedienten Inlineskates.
- Das „20-Zoll-Rad" mit der verchromten Gabel musste seine ursprüngliche Identität als Kinder-Einrad einbüßen.
- Das 2-fach kugelgelagerte Drehgelenk habe ich mittels Eisensäge fachmännisch aus einem alten Drahtesel herausseziert.
- Chassis und Gabel bestehen aus verschweißtem Vierkantrohr und sind langzeitgeschützt gegen Rost (sandgestrahlt, grundiert und einbrennlackiert).
- Der extrem leichte Radschutz besteht aus verleimten und mit Klarlack versiegelten Holzfurnieren.
- Die rostfreien Zugfedern stammen von einem ausrangierten Trampolin (Stoßdämpfer sind nicht erforderlich in dieser Gewichtsklasse).

Der Anhänger verfügt trotz relativ hoher Bodenfreiheit über einen niedrigen Schwerpunkt und zeichnet sich deshalb durch ein völlig unauffälliges Fahrverhalten aus. Er lehnt sich genauso in die Kurve, wie das Fahrrad selbst. Er kann nicht umkippen. Die Vorteile des festen Kunststoffaufbaus liegen im geringen Gewicht und der hohen Formstabilität. Auch ist er absolut wasserdicht. Die Innenmaße entsprechen (zufällig) der Größe einer Bierkiste!

Das Öffnen und Schließen des Deckels funktioniert auch einhändig. Die Ausrüstung lässt sich so verstauen, dass zeitraubendes nerviges Wühlen und Kramen der Vergangenheit angehören, was besonders bei mehrtägigen Reisen von Vorteil ist. In Sachen Sicherheit gibt es 3M-Speichenreflektoren, Frontreflektoren, Rückstrahler, gelbe Schriftzüge und eine Flagge.

Die Gulasch-Kanone

Die „Mini-Feldküche" ist in Leichtbauweise platzsparend der inneren Form des Anhänger-Kunststoffaufbaus angepasst. Die Fächeraufteilung ist maßgeschneidert zur klapperfreien Aufnahme von Edel-Outdoor-Zubehör wie Topf und Bratpfanne von Tangria, Markill Kocher mit

Schraubkartusche, Schälchen, Tassen, Becher, Besteck und vieles mehr. Alle Teile sind praktisch und schonend eingepasst. Im aufgeklappten Zustand kann der abgestützte Deckel der Küchenbox als Minitisch genutzt werden. Das ist besonders dann sehr nützlich, wenn bei Pausen unterwegs keine Bank oder kein fester Tisch vorhanden ist. Auch das Besteck, flexibel auf einem Brettchen befestigt, wird auf gleiche Weise herausgeklappt. Das leere Gehäuse bringt 575 g auf die Waage, komplett aufgefüllt mit Vorräten und gefüllter Kartusche entsteht ein Gesamtgewicht von 2,5 kg.

Das Dach über dem Kopf

Auch für Singles empfiehlt sich ein Zweimannzelt, denn dann können die Packtaschen problemlos mit hineingenommen werden. Die Innenhöhe sollte so bemessen sein, dass man zumindest aufrecht sitzen kann, also höher als 90 cm. Dies ist besonders dann von entscheidender Bedeutung, wenn man bei schlechtem Wetter einmal längere Zeit im Zelt verbringen will. Die Maße der Verpackung richten sich nach dem zur Verfügung stehenden Stauraum. Für den Anhänger müssen die Zeltstangen z. B. kürzer als 50 cm sein, der Rest lässt sich flexibel anpassen!

Die Mindestanforderungen an die Traumvilla für unterwegs sind: Ein Über- oder Doppeldach, hohe Wasserdichtigkeit, ein Vorbau, der beim Öffnen des Zeltes das kühle Nass dort lässt, wo es hingehört, eine effektive, permanente Lüftung mit Moskitonetzen (wie auch an den Eingängen) sowie ein hochgezogener Boden, der nicht nur robust, sondern sogar resistent gegen Ameisensäure sein muss.

Und trotz all dieser Ansprüche soll ein solches Tourenzelt auch noch federleicht und klein verpackbar sein. Das ist natürlich nicht als Schnäppchen zu bekommen. Das leichteste, mir bekannte Zwei-Personen-Zelt wiegt nur soviel wie eine Tüte Mehl, kostet allerdings „geringfügig" mehr! Ich empfehle ausgiebige Internet-Recherchen bei den verschiedenen Herstellern. Meistens purzeln die Preise schon ab Frühsommer!

Selbstverständlich reicht bei gutem Wetter auch ein billiges Zelt aber, wenn man dann doch vom Regen erwischt wird und Schlafsack und weitere wichtige Utensilien richtig nass werden sollten, ist es vorbei mit der Gemütlichkeit. Ist man also häufiger unterwegs, sollte man schon investieren!

Da nach zwei bis drei Regentagen die meisten Textilien und auch der Schlafsack klamm werden, empfiehlt sich, sollte es keine Wetterbesserung geben, Folgendes:

- Die betroffene Ausrüstung kommt auf dem nächsten Campingplatz in den Wäschetrockner (Vorsicht mit dem Schlafsack!) oder

- Man legt einen „Boxenstopp" ein in einer festen Unterkunft mit Trockenraum, z. B. in einer Jugendherberge (DJH) oder einem fahrradfahrerfreundlichen Hotel.

An dieser Stelle kann ich eine Mitgliedschaft im DJH wirklich wärmstens empfehlen. Meine letzte, sehr angenehme Jugendherbergserfahrung liegt nicht weit zurück. Ich hatte ein sauberes Einzelzimmer mit eigenem Waschraum und Dusche und hatte einschließlich Bettwäsche, Frühstück und einem Lunchpaket gerade mal 23,50 € zu zahlen, Fahrrad mit Anhänger wurden über Nacht selbstverständlich eingeschlossen und ein großer Trockenraum stand ebenfalls zur Verfügung.

30.6. Abfahrt

Ich verstaue so an die 100 verschiedene Ausrüstungsteile (im Anhang aufgeführt) in die zwei Packtaschen, die Lenkertasche und in den Anhänger. Die 1,5-Liter-Trinkflasche sowie ein Teleskopdreibeinhocker werden direkt am Fahrradrahmen befestigt.

Seltsam, immer wenn diese Packorgie abläuft, habe ich die Gewissheit, jetzt gibt es kein Halten mehr. Selbst wenn sich dem Unternehmen irgendetwas in den Weg stellte, der Countdown läuft. Dieses mechanische, konzentrierte Abarbeiten der Checkliste ist wie ein Sog, der einen unwiderstehlich aus dem gewohnten Alltag in ein anderes Leben beamt.

Ich werde, welch Luxus, von Angelika zum nächsten Bahnhof gefahren. Sie hat trotz meiner Einwände darauf bestanden:

„Du kannst noch lange genug Fahrrad fahren!"

Am Minibahnhof Augustfehn angekommen, mache ich das Gefährt startklar und schiebe in Richtung Fahrkartenautomat.

Und schon wird es ein bisschen stressig. Die Sonne knallt dermaßen aufs Display, dass ein paar Reisende vor mir lange damit beschäftigt sind, ihre Fahrkarte zu lösen. Aufgrund der knappen Zeit, die mir jetzt noch verbleibt, sehe ich mich außerstande – oder bin ich nur zu dusselig? - die Ländertickets für Niedersachsen und Schleswig Holstein und den einfachen Fahrradzuschlag zu lösen. Vielleicht sollte man überlegen, einen Volkshochschullehrgang für dieses Unikum anzubieten? Eventuell klappt es ja doch mit mehr Erfahrung, ich werde jedenfalls Besserung geloben.

Wir verabschieden uns, als der Zug ankommt, denn ich muss auf dem engen Bahnsteig noch fix etwa 100 m hinter der Lok herfahren, weil der Waggon mit dem Fahrradsymbol ganz vorn angekuppelt ist. Mit einem Griff klinke ich den Einradanhänger aus und hebe erst das schwere Fahrrad und dann den Hänger in die Bahn. Es ist sogar noch Zeit für weitere Abschiedsküsschen.

Drinnen ist es noch heißer. In dem drei Treppenstufen tiefer liegenden Fahrradabteil haben sich viele Reisende mit ihren Koffern zwischen die

Fahrräder gequetscht. Das Nachlösen der Fahrkarten erledigt im Zug (viel netter als der seelenlose Automat) eine junge, hübsche Zugbegleiterin, die nach eigenem Bekunden bei dieser Affenhitze am liebsten gleich mit an die See gefahren wäre. Nachdem sie den Tarif berechnet hat, meint sie, und fast klingt es wie eine Entschuldigung:

„Oha, das ist ja richtig teuer, wissen Sie was, ich erlasse Ihnen die Nachlösegebühr!" (Hoffentlich liest dies nicht ein übereifriger Bundesbahner, die Lady könnte schnell ausfindig gemacht werden, denn so viele, *so* attraktive Schaffnerinnen auf dieser Strecke gibt es ja nun auch wieder nicht)!

Die Fahrgäste leiden in der verbrauchten heißen Luft, Gesichter sind gerötet, Haarsträhnen kleben auf der Stirn, und seitdem in Oldenburg viele junge Leute zugestiegen sind, ist der Zug nun hoffnungslos überfüllt. Zu allem Überfluss nähert sich nun ein sichtlich genervter, stark schwitzender Bundesbahn Service-Mann und versucht, seinen vierräderigen Getränkekarren durch den Waggon zu wuchten. Weil aber einige Fahrräder und meines auch, den Weg regelrecht verbarrikadieren, herrscht er uns an, wir sollten die Fahrräder die Treppe runter auf die dafür vorgesehenen Plätze stellen. Ich mache ihn darauf aufmerksam, dass dies unmöglich sei, weil sich dort viel zu viel Mitreisende mit ihrem Gepäck niedergelassen hätten.

„Dann hätten Sie die Leute auffordern müssen, Platz zu machen" herrschte er mich an. Bevor ich etwas erwidern kann, wendet er sich an einen jungen mitreisenden Polizisten, der eine Treppenstufe höher, direkt hinter mir sitzt und in einem Buch liest. Er kreischt ihn allen Ernstes an:

„Ist Ihnen das alles egal?"

Stirnrunzeln war die einzige Antwort.

Nunmehr kurz vorm Ausrasten und wie ein Dumm-dumm-Geschoss, bahnt er sich mit roher Gewalt seinen Weg, wir können gerade noch zwei Fahrräder hochheben, um Beschädigungen zu vermeiden.

Diese Verkörperung eines Negativbeispiels musste doch ähnliche Probleme mit gut besetzten Bahnen schon einige Hundert Mal erlebt haben, warum hängt er sich nicht einfach eine Art Bauchladen um, mit dem er dann wesentlich flexibler wäre?

Dies war eigentlich der einzige, wirklich unerquickliche Zeitgenosse während der gesamten Reise. Mit seinem unglaublichen Benehmen wehte ein Hauch schon fast vergessenen Bundesbahnmuffs herüber.

Kurz vor Bremen kommt der Typ noch einmal vorbei (vermutlich ist sein Karren noch genauso voll) und knurrt im Vorbeigehen in Richtung des Polizisten ein beleidigtes: "Danke für Ihre Hilfe!"

Wir schauen uns an und „kratzen" uns tatsächlich zeitgleich mit dem Zeigefinger an der Stirn.

Das Umsteigen in Bremen verursacht eine gewisse Anregung meines Blutkreislaufes durch körperliche Ertüchtigung. Am Gleis 3 ausgestiegen gibt es zwei Möglichkeiten: zum Fahrstuhl oder die Treppe runter. Ich weiß nicht, wie viele hoch bezahlte Bauingenieure, wie lange an der Konstruktion der typischen Hauptbahnhof-Gleisunterführungs-Treppen herumgetüftelt haben, Fahrradfahrer können die alle samt nicht gewesen sein. Die schmalen Rinnen neben den Treppen sind für ein Fahrrad mit Packtaschen – und es gibt immer mehr Fahrradnomaden in Deutschland – völlig ungeeignet. Seltsam, bei uns wird alles getestet: Lebensmittel, Autos, I-Pods, Navigationssysteme, ja ganze Testindustrien sind entstanden, aber hat schon mal jemand Bahnhofstreppen samt zugehöriger Transportbänder und Minifahrstühle unter die Lupe genommen? Und wenn, was ist mit den Konsequenzen? Soll doch der Bahn-Chef persönlich mal mit einem bepackten Fahrrad eine Umsteigeübung veranstalten, vielleicht wird dann anstelle von protzigen Bahnhofsprojekten sinnvoller zum Wohle der breiten Masse investiert.

Also trage ich das sperrige, schwere Fahrrad parallel zu der „Fahrradrinnen–Fehlkonstruktion" die Treppe runter, hole den Anhänger, verbinde das Gespann wieder und schiebe es weiter, bis der Treppenaufgang zum Gleis 10 beginnt. Hier veranstalte ich wieder ein wenig Treppen-Jogging. Ich ertrage es mit Fassung und sehe es sportlich, denn ich weiß über die Vorzüge meines „Miniwohnmobils".

Möglichkeit zwei wäre, in zwei Schüben den klitzekleinen Fahrstuhl zu nutzen. Wenn man sich aber den Massenbetrieb Hauptbahnhof und die negative Alterspyramide vorstellt, braucht es nicht allzu viel Fantasie, sich vorzustellen, was da wohl alles passieren könnte:

Ich müsste mir einen Weg durch die anonyme Masse der auf den kleinen Fahrstuhl Wartenden bis zum Eingang bahnen, und wenn dann die Tür endlich aufgeht und die Alten und Gebrechlichen mit ihren Gehhilfen nach langen Minuten den Fahrstuhl erfolgreich verlassen haben, würde ich mit einer Hand die wieder Hineinströmenden zurückdrängen und mit der anderen Hand mein Fahrrad samt der überbreiten Packtaschen rückwärts in den Fahrstuhl hineinstopfen. Die mit Recht erbosten Zurückgedrängten würden sich bestimmt fürchterlich rächen und ihre Wut an dem oben stehen gebliebenen Anhänger auslassen. Sie würden mit ihren Krücken die herrliche Lackierung zerschlagen, die Speichen verbiegen und eine renitente Oma würde als Zeichen des Sieges meine schöne Jamaikaflagge in ihre „rentnerbeige" Handtasche stopfen!

Nein, die Treppe war die richtige Lösung. Ich bin zwar nicht der Jüngsten einer und seit zwei Jahren – „upsi" - bin ich ja auch schon ein Opa, jetzt sogar ein Doppelter aber ganz ehrlich, zwischen den Ohren fühle ich mich noch wie 28.

Während der Weiterfahrt in die Elbmetropole komme ich mit einem Hamburger Ehepaar ins Gespräch, das gerade von einer einwöchigen Weser-Radtour nach Hause kommt. Sie bereiten mich auf die Vorzüge des Umsteigens im Hamburger Hauptbahnhof vor und erklären, dass es dort Rolltreppen gibt und worauf man achten sollte, wenn man die mit einem Fahrrad benutzt:

„Man braucht erstens Mut, zweitens müssen beide Handbremsen auf der Treppe fest angezogen bleiben und drittens muss man sich in eine sichere, stabile Position begeben, um, besonders beim ersten Mal, kein Problem mit dem Gleichgewicht zu bekommen."

Nach einer sehr unterhaltsamen, die Zeit verkürzenden Fachsimpelei hält der Zug mit quietschenden Bremsen in Hamburg. Wir verabschieden uns, und ich lasse, mutig, wie ich nun mal bin, die beiden zur Rolltreppe vorgehen. So bekomme ich nach der theoretischen Einweisung im Zug nun auch noch eine kleine praktische Lehrvorführung geboten. Alles sieht ganz easy aus.

Jetzt bin ich an der Reihe. In diesem Moment habe ich ein Bild von einer Rolltreppe in einem großen Kaufhaus vor Augen, vor der ein alter, offenbar sehr lebensunerfahrener Auswanderer aus, sagen wir, Ostgallizien, sich partout nicht entscheiden kann, auf welche der pausenlos aus dem Fußboden herausquellenden Treppenstufe er sich stellen sollte.

Schließlich gebe ich mir einen Ruck und mutig schiebe ich das schwere Teil auf die Treppe. Im ersten Augenblick ist noch alles O.K. aber plötzlich geht das Gespann vorn steil in die Höhe als bäumte es sich auf wie ein wild gewordener Hengst und ich bekomme wirklich einen gehörigen Schreck. Aber es kann nichts passieren, weil ich tatsächlich weit genug hinten stehe und beide Bremsen festhalte. Der Hamburger, weiter oben auf der Treppe, hat meine Reaktion bemerkt und meinte: „An **der** Stelle bekomme auch ich jedes Mal immer noch denselben Schreck".

Diese Prozedur müsste in allen Bahnhöfen möglich sein, es würde den einzigen Nachteil meines Gespannes eliminieren.

Nun fahre ich schon fast mit Routine zum Gleis 7a eine andere Rolltreppe wieder hinunter und kann direkt rückwärts in den wartenden Regionalzug hinein schieben. Das war ein Kinderspiel!

Jetzt bin ich auf Nordkurs, nun geht's ab nach Nordfriesland. In Neumünster ist wieder Umsteigen angesagt. Es folgt eine weitere „Zerlege- und Zusammensetzübung" und auch hier wurden dieselben nutzlosen „Fahrradrinnsteine" verbaut. Da es für Regionalzüge keine Wagenstands-Anzeige gibt und ich vermeiden möchte, mich im letzten Augenblick durch die Wartenden bis ans andere Ende des Zuges durchzukämpfen, frage ich zwei Ladys in Bahnuniform, die offenbar auf dem Weg nach Hause waren:

„Moin die Damen, können Sie mir wohl sagen, ob die Lok mit dem Fahrradwaggon dort hinten oder da vorn hält?" Ich zeige dabei mit dem ausgestreckten Arm in die entsprechenden Richtungen.

Die eine ist unschlüssig und meint: „Ich glaube der kommt hier immer rückwärts rein".

Der Anderen musste wohl mein etwas „sparsamer" Gesichtsausdruck aufgefallen sein und sie ergänzte:

„Also der Waggon zum Fahrradtransport ist ja immer direkt hinter der Lok und die hält da vorn".

Ich bedanke mich und schiebe in die besagte Richtung. Der Zug kommt angebraust – vorwärts - der gesuchte Waggon natürlich direkt dahinter und donnert an mir vorbei, dass die Jamaikaflagge nur so flattert. Das kommt mir alles so bekannt vor! Nun gut, HINTERHER! Und zwar mitten durch die ein- und aussteigenden Reisenden hindurch. Anhänger abkuppeln, das Fahrrad in den Waggon gestellt, da geht die Tür schon zu! Schreck! Aber, Gott sei Dank, ich krieg ich sie wieder auf, springe raus, und bevor die Tür wieder schließt, bin ich mit dem Hänger wieder drin. Das war knapp, ich habe es gerade noch geschafft. Bahnreisen finde ich spannend!

Nun sitze ich – ziemlich einsam dieses Mal- im Fahrradabteil auf dem obligatorischen, spartanischen Klappsitz. Ich hatte mit ansehen müssen, dass der mitunter sogar ziemlich gefährlich werden kann: Ein Reisender weiter hinten liftete sein Gesäß, um aus seiner Geldbörse die Fahrkarte zu holen. Nachdem er sie dem kontrollierenden Zugbegleiter vorgezeigt hatte, wollte er sich wieder setzen. Nur, der Sitz hatte sich mittlerweile hochgeklappt, was einen schlimmen Sturz zur Folge hatte. Ich werde das Ding im Auge behalten. Jetzt packe ich erstmal meine Marschverpflegung aus, die mir Angelika mit auf den Weg gegeben hatte: lecker belegte frische Brötchen und als Nachtisch Obst. Ich mampfe eine ganze Zeit lang genüsslich vor mich hin, schaue aus den Fenstern und bekomme urplötzlich das Gefühl, dass irgendetwas nicht stimmt! Der Zug scheint jetzt zu einem Flugzeug zu mutieren.

„Hab ich etwas verpasst? Ich bin nicht einmal angeschnallt!"

Ja, tatsächlich, wir heben langsam aber sicher ab. Die Landschaft verschwindet allmählich unter uns und der Zug steigt in die Luft, Harry Potter lässt grüßen!

Der Ausblick wird immer grandioser. Ich habe einen Logenplatz und die beste Aussicht über die Stadt Rendsburg und den Nord-Ostsee-Kanal, die meist befahrene künstliche Wasserstraße der Welt.

Ich befinde mich also 42 Meter über Normal Null auf der Rendsburger Hochbrücke, der Querung des Nord-Ostsee-Kanals. Die Brücke wurde zwischen 1911 und 1913 unter Leitung des Ingenieurs Friedrich Voß erbaut und trägt eine angehängte Schwebefähre für den Fußgänger- und Fahrzeugverkehr. Das Wahrzeichen der Stadt Rendsburg hat eine Gesamtlänge von 7,5 Kilometern. Der 2.486 Meter lange stählerne Teil besteht aus unvorstellbaren 18.000 Tonnen Stahl. Das Bauwerk stellt eines der bedeutendsten Technikdenkmäler in Deutschland dar.

„Bahn fahren macht doch Spaß", denke ich und beende meine Brotzeit mit etwas Süßem. Jetzt geht's in Richtung dänische Grenze und ich bekomme Appetit auf eine schöne Tasse Kaffe.

Der Ostseeküstenradweg

Bei den Wikingern in Flensburg komme ich gegen 16:00 Uhr an, akklimatisiere mich bei einem Innenstadtbummel und lasse mich zu einer großen Tasse leckeren Cappuccinos mit Zimtstückchen in einer gemütlichen Cafeteria nieder. Zufällig werde ich Zeuge einer Debatte zwischen zwei Männern hinter mir, in deren Verlauf der Eine ziemlich rüde über seine ausländischen Nachbarn herzieht und stark verallgemeinernd daraus gewisse Schlüsse zieht. Ich drehe mich um, schau ihn an und erlaube mir den verbalen Seitenhieb: „Rassismus sollte doch eigentlich out sein, oder?" Irgendwie hat ihm diese direkte Ansprache ein wenig den Schwung in seiner Argumentation genommen, er wird nun wesentlich leiser und schon bald darauf zahlt und verschwindet er. Dabei bemerke ich, dass er behindert ist, und jetzt tut es mir fast ein bisschen Leid, nicht die Klappe gehalten zu haben. Der Andere hinter mir stellt sich als der Besitzer der Cafeteria vor und meint:

"Der zieht immer so eine Schau ab, machen Sie sich man keinen Kopf, aber er ist hier Stammkunde, da muss ich mich etwas zurückhalten."

Er zeigt auf mein vollbepacktes Reisegefährt und fragt, wo es denn hingehen soll.

„Den Küstenradweg entlang nach Polen". Dabei hörte ich so etwas wie eine innere Stimme raunzen: „Wenn du dich damit man nicht übernimmst"

Wie lange ich schon unterwegs sei, war die nächste Frage.

„Mit dem Fahrrad bin ich jetzt seit" – ich gebe vor zu überlegen- „ungefähr einer halben Stunde unterwegs.".

Wir mussten beide lachen. Er gibt mir Tipps über einige Sehenswürdigkeiten in Flensburg und erzählt Geschichten vom Flensburger Bier, von den Dänen und der Seefahrt.

Weil es schon spät geworden ist, mach ich nur noch einen kleinen Schlenker durch die Altstadt, das Schifffahrtsmuseum hätte mich schon sehr gereizt aber für so etwas brauche ich erfahrungsgemäß mehrere Stunden! Sozusagen alternativ schaue ich mir den Museumshafen und einige stilvolle Holzschiffe an und finde – dank perfekter Ausschilderung - mühelos den Anfang des Ostsee-Küstenradweges direkt am Hafen.

In Mürwik führt mich der Weg aber gleich wieder weg von der Fördeküste, also erstmal eine saftige Steigung hinauf, weil das riesige Areal der Marineschule umkurvt werden muss. Die Schule ist Deutschlands Ausbildungsstätte für Marineoffiziere und wird übrigens in diesem Jahr 100 Jahre alt. Der Marinebaurat Adalbert Kelm hatte den Backsteinbau nach dem Vorbild der ostpreußischen Marienburg des Deutschen Ritterordens gestaltet. Im Beisein von Kaiser Wilhelm II. wurde das „Rote Schloss am Meer" am 21. November 1910 eingeweiht. Bislang wurden 28.000 Marineoffiziere ausgebildet. Die modern ausgestattete Einrichtung verfügt auch über eine Schiffssimulationsanlage.

Jetzt geht es wieder bergab Richtung Wasser, zunächst moderat, dann eher gefährlich auf abschüssigen Rollsplittpfaden und schließlich auf steil abwärts führenden Treppen! Ich muss das knapp 50 Kilo schwere Gespann richtig festhalten, damit nicht schon gleich auf den ersten Kilometern etwas kaputt geht. Das gemeine an diesem Abstieg ist, dass ich rechts auf den Treppen gehe und das Gefährt an Backbord auf der schmalen Rampe nach unten rollt!

Ich mag doch keine Treppen mit Rinnen und Rampen!

In Glücksburg ist die Ausschilderung des Radweges so armselig, dass ich einige Ehrenrunden durch den verzweigten, und wen wundert's, sehr hügeligen Ort mache. Aus irgendeinem Grund ist mir diese Kleinstadt deshalb nicht sonderlich sympathisch geworden.

Seit ich die Halbinsel Holnis umrunde, kontrollieren die Dänen plötzlich mein Handy und lassen es die nächsten 20 Stunden nicht mehr aus ihren Klauen: Ist das eine späte Rache für die 1864 gegen die Preußen verlorene Schlacht bei den Düppelner Schanzen?

Trotzdem erreiche ich nach nur 45 Tageskilometern, wie geplant, den Zeltplatz in Langballig Au und baue mein bescheidenes Lager zur ersten Übernachtung auf. Dabei fällt mir ein junges Liebespärchen auf, das mich aus einem wohl 30 Meter entfernten Nachbarzelt beobachtet. Natürlich weiß ich nicht, ob sie sich mehr für das rein Technische, wie meinen „genialen" Zelt- und Sonnensegelaufbau interessieren, oder sich eher darüber den Kopf zerbrechen, dass sie so die traute Zweisamkeit genießen und ich armer alter Sack ganz allein unterwegs bin. Sie turteln schließlich ab in Richtung Strand.

Ich gönne mir noch eine ausgiebige Dusche, sogar ohne die sonst obligatorische Dusch-Münze mit der 5 Minuten Zeitbegrenzung und stelle fest, dass die sanitären Einrichtungen des Zeltplatzes tipp topp sind. Zum Ausgehen mach ich mich heute Abend besonders fein und verwandle deshalb meine legeren kurzen Bermudas in eine lange Hose.

Wie vereinbart, bekomme ich Damenbesuch aus dem etwa 30 km entfernten Böel:

Meine Schwester Gabi, die kurzfristig beschlossen hatte, mich am nächsten Tag zu begleiten leistet mir zusammen mit ihrer Tochter Nina, die dem Fahrradfahren leider nicht ganz soviel abgewinnen kann, netterweise ein paar

Stunden Gesellschaft. Mit ihrem gut gefüllten Picknickkorb wollen wir uns in Urlaubsstimmung bringen. Auf dem Weg zum Strand, ich werde mittlerweile von „meinen" beiden Blondinen flankiert, begegnen wir dem „Nachbar-Turtel-Pärchen" vom Zeltplatz. Ich grüße im Vorbeigehen mit einem lockeren „Moin" aber sie sind so perplex, dass sie keinen Ton herausbekommen.

Es wird ein netter, weinseliger Abend am Strand. Normalerweise werden hier oben natürlich Bier und Köm verbraucht. Dann heißt es:

"Nich viel snacken, Kopp in'n Nacken"! Und im Winter werden alkoholische Heißgetränke wie „Tote Tante" (Trinkschokolade mit Rum) oder `n steife Grog getrunken, nach dem Motto: "Rum muss, Zucker kann, Wasser braucht nicht".

Meine Ladys verabschieden sich, weil sie ja morgen früh raus müssen! Ach so! Also begebe mich zum Zeltplatz und freue mich auf mein kuscheliges Etablissement. Das Rezept für den erholsamen Schlummer lautet:

„Mann mit frischem Schlafanzug in ägyptischer Baumwolle, garniert mit Lieblingskopfkissen auf offenem Schlafsack. Das Ganze sanft gepuffert durch die sieben Zentimeter dicke Luftmatratze und hermetisch abgeriegelt durch verlässliche Moskitonetze."

Bei soviel Safari-Luxus muss ich mich zwingen, nicht unverzüglich ins Reich der süßen Träume wegzudösen, sondern noch schnell ein Paar Stichworte über den ersten Reisetag ins Tagebuch zu schreiben. Dabei ist alles, was ich dazu benötige, in der neben mir liegenden Lenkertasche: die dimmbare und im Winkel verstellbare LED-Stirnlampe genauso wie Schreibzeug und Übersichtskarte, in die ich von nun an jeden Abend die Tagesleistung eintrage. Aus irgendeinem Grund macht es mir Spaß, abends die Tages-Tour per „Finger auf der Landkarte" noch einmal nachzuvollziehen.

Na dann schöne Träume.

01.7. Von Langballig Au nach Damp

D ie Nacht war angenehm, es gab keine Störung, bis auf das Weck-signal des Handys. Heute habe ich mich ausnahmsweise wecken lassen, damit *ich* auf mein Schwesterherz warten muss und nicht umgekehrt!

Ich spüre auch nichts von der gestrigen Minitour. Man fängt am besten mit einer kleineren Belastung an, schließlich muss sich der Body ja auch an die kommenden Tortouren gewöhnen können. So sollte man möglichst immer starten!

Jetzt beginnt für mich die „Morgenroutine: Zuerst macht sich der Luftma-tratzenstöpsel selbstständig. Weil ich nun in kürzester Zeit auf dem harten Boden lande, gerate ich garantiert nicht wieder ins Dösen. Bereits im Liegen ziehe ich den „Fahrraddress-des-Tages" an, rolle die Matratze und den Schlafsack zusammen und packe beides in die Kompressionssäcke. Handy, Buch, Stirnlampe und Schreibzeug wandern in die Lenkertasche, die nun als Erstes aus dem Zelt bugsiert wird, gefolgt von beiden Packtaschen, dem Rest der Ausrüstung und schließlich dem Zeltbewohner selbst. Ich muss also nicht wieder ins Zelt zurückkriechen!

Die Packtaschen werden ans Fahrrad gehängt, das Zelt baue ich unter dem immer noch über mir schwebenden Sonnensegel ab, lege es grob auf der dünnen „Malerfolie", die den Zeltboden vor Nässe und Schmutz schützt, zu-sammen und verstaue es im Anhänger. Jetzt folgt das Sonnensegel mit den Leinen und dem Sack mit den Heringen.

Mit der Mini-Waschtasche, einem Handtuch, der Trinkwasserflasche und - zur Sicherheit – immer mit der Lenkertasche verziehe ich mich zur General-überholung in den „Campingplatz-Waschsalon". Hygiene ist wichtig!

Genauso halte ich das mit dem Frühstück: „Ohne Mampf, kein Kampf"! Dazu benötige ich vier Dinge: meinen Hocker, die Campingküche aus dem Anhänger, den Rucksack und meine Trinkwasserflasche. Es gibt mit frischer Milch (von gestern) übergossenes knuspriges Premium-Müsli mit Früchten und Nüssen, aufgepeppt mit einem geschnitzelten „echten" Apfel.

Dazu gibt es ein Glas Apfelsaft. Normalerweise ziehe ich Orangensaft vor, an Bord gibt es aber nur Wasser und Apfelsaft. Daraus mische ich mir während der Fahrt eine Apfelschorle, die nach dem letzten Stand der Wissenschaft nachhaltiger sicherstellt, dass dem Körper wichtige Mineralstoffe zugeführt werden, als tränke man nur Wasser. Apfelschorle soll demnach sogar geeigneter sein, als die meisten (teureren) „Schickimicki-Getränke" und ich kann die „Zutaten" sogar in jedem Tante-Emma-Laden erstehen!

Jetzt braue ich mir noch einen leckeren Cappuccino. Dabei leisten der kleine Markill-Gaskocher und der nur 100 g wiegende Trangia-Kochtopf beste Dienste. In der Campingküche finde ich Miniportionen Kaffeesahne und Zucker: Ich mag es eben süß! Abwaschen lasse ich heute ausfallen: Müslischälchen und Besteck werden einmal mit dem heißen Restwasser übergossen und im Topf war eh nur Wasser. Jetzt mache ich das Gespann startklar und fahre zur Rezeption, um den Schlüssel für das Sanitärgebäude abzugeben.

Meine Begleiterin auf der heutigen Etappe, von Langballig Au in Richtung Kappeln, lässt sich Zeit: FRAUEN!

Trotz meiner „Packlisten-Orgie" habe ich es doch tatsächlich geschafft, meine Lieblingsmütze zu Hause liegen zu lassen. Ich bin schier untröstlich, denn dieser wichtige Sonnenschutz bedeutet mir viel: Ich hatte ihn während eines mehrjährigen Auslandsaufenthaltes in Virginia bei der „Banana Republic" in der bekannten Mall „Tysons II" vor den Toren Washington DC erstanden. Also hier, in der „Metropole Langballig Au" kann ich diesen Verlust bestimmt nicht ausgleichen. Aber die Sonne brennt schon heftig auf meinen Kopf, gefördert durch den Umstand, dass ich mit Haupthaar nicht mehr allzu sehr gesegnet bin. Also hole ich noch einmal Sonnenschutzmittel aus der Lenkertasche und leg noch `ne extra Lage auf.

Um die Wartezeit zu nutzen, kauf ich mir am Zeltplatzkiosk die Flensburger Zeitung und schmökere ein wenig darin herum. Dabei interessiert mich natürlich die Wettervorhersage ganz besonders. Die drei Hochdruckgebiete und die Supertemperaturen werden mir treu bleiben. Mit bis zu 36 Grad im Schatten eigentlich schon etwas zu üppig, da jagt man normalerweise keinen Hund mehr vor die Tür!

Warum diese Lokal-Zeitung fast den ganzen Tag lang oben auf dem Fahrradgepäck herumliegt, sodass nahezu jedes Tour-Erinnerungsfoto dieses

Papierbündel manifestiert, ist mir im Nachhinein schleierhaft. Vielleicht war das schon eine Auswirkung der Hitze?

Schließlich erscheint meine holde Schwester Gabi doch noch! Wir schwingen uns auf die Räder und lassen es gemütlich angehen. Die Radwege sind super, zumindest am Strand absolut autofrei, allerdings unterstelle ich den Organisatoren dieses Küstenweges, mit Vorsatz sämtliche Hügel von Angeln in die Route eingebunden zu haben. Ich muss dazu erläutern, dass ich während meiner Touren in meiner Wahlheimat im Saterland, Ammerland und Ostfriesland völlig „bergfrei" fahren kann. Natürlich haben wir als „Ausgleich" dafür öfter heftigste Winde, die zu allem Überfluss eigentlich immer von vorne kommen. Jetzt bin ich jedenfalls froh über meine Fahrradhandschuhe, ohne die ich wohl vom vielen Schalten Blasen an den Händen bekommen hätte.

Der Tag ist auch geprägt vom strahlend blauen Himmel und Temperaturen um die 34 Grad im Schatten, was uns veranlasst, häufig in die erfrischenden Fluten (23 Grad) zu springen. Es gibt tadellose Naturstrände mit feinstem Sand und großen Steinen, die sich unter anderem zum Trocknen der nassen Badesachen anbieten. Wir entspannen uns nach dem Schwimmen und aalen uns in der Sonne. Bevor der nach dem Schwimmen normalerweise einsetzende Heißhunger spürbar wird, packen wir unsere Stullen und viel „gesundes Buntes" aus. Eine Gruppe großflächiger „junger Felsen" wird kurzfristig zum Zubereiten der Rohkost und zum Picknicktisch umfunktioniert. Wie einst die Römer stärken wir uns lässig liegend. Gleichzeitig trocknen wir in der Sonne. Was für ein schönes Leben! Nach dem Essen wären wir am liebsten gleich wieder schwimmen gegangen. Weil unsere Klamotten aber gerade so schön trocken sind, verkneifen wir es uns – dieses Mal!

Wir ziehen weiter, kommen durch den kleinen Ort Habernis und sind eben an einem Zeltplatz vorbeigefahren, als ich abrupt anhalte und umdrehe. „Hier bekomme ich bestimmt eine Mütze".

„Warum sollte es hier eine Mütze geben?" zweifelt Gabi.

Vor der Rezeption unterhielten sich sehr angeregt einige ältere Herrschaften. Ich unterbreche sie mit einem fröhlichen „Moin, wer ist denn bitteschön hier der große Chef?" Allgemeines Gelächter auslösend erwidert einer:

„Der da, der tut immer so, als hätte er was zu sagen."

Ich frage ihn, ob er mir wohl rein zufällig eine Mütze verkaufen könne? Er bedauerte:

„Hier in Habernis haben wir so was nich."

Aber dann, als fiele ihm irgendetwas ein, geht er doch noch in den kleinen Laden, indem es Vieles gibt, was ein Camper so benötigt und lugt in eine der hintersten Regalecken. Plötzlich hält er eine beigefarbene Mütze hoch.

„Die habe ich mal mit ´ner Werbepackung hingelegt bekommen, die könn' se so haben, die kostet nix.".

„Herzlichen Dank, dann haben se ja doch `was hier in „Habe Nix"", sie sollten den Ort umtaufen, in „Habewas" stellte ich fest! - Wieder Gelächter.

Endlich mit Mütze

Wir wünschen der lustigen Rentnertruppe noch viel Spaß und setzen unsere Fahrt, nun bestens beschattet, fort. Die Strecke folgt jetzt direkt der Küste. Wir genießen jeden Meter, atmen reine Meeresluft, spüren die leichte Brise auf der Haut und fühlen uns völlig frei. Vergessen sind all die Alltagssorgen, wir sind ganz allein hier draußen. Wir wollen nie mehr aufhören, so zu leben.

Am Nachmittag verspüren wir Appetit auf Kaffee und Kuchen. Gabi kennt sich hier ja gut aus und empfiehlt, das in Angeln berühmte Café Lichthof anzusteuern. Im kleinen beschaulichen Fischerdorf Falshöft biegen wir also ab und erreichen kurz darauf unser Ziel.

Nachdem wir die Räder abgestellt hatten, will ich die Kamera aus der Lenkertasche holen. Dabei rutscht sie mir gerade in dem Augenblick, als ich noch nicht in die kleine Trageschlaufe gegriffen hatte, aus der Hand und fällt zu Boden. Natürlich! Da ist nicht etwa weiches Gras oder wenigstens Erde, nein, es gibt an dieser Stelle nur puren Beton! Böser Ahnungen schwanger schalte ich die Kamera ein und stelle fest, dass das Display gerissen und nur noch ein Viertel des Bildausschnittes sichtbar ist. Das darf nicht wahr sein und solch ein Schlamassel passiert mir schon am zweiten Tag! Wenn ich versuche positiv zu denken, müsste ich glücklich sein, dass eine gewisse Restfunktion doch noch vorhanden ist.

Meine holde Schwester vor dem Café Lichthof

Was soll's, ich halte die Kamera von jetzt an nur noch grob in die gewünschte Richtung und hoffe, dass ich weiterhin Fotos machen kann. So ein Mist! Es ärgert mich schon richtig! Und warum passiert so etwas? Das liegt natürlich auch daran, dass diese Digitalkameras immer kleiner werden. Und dann: Lesebrille noch nicht auf, Minitrageschlaufe nicht gesehen, nicht richtig zugepackt, weil ich mit meinen schwitzigen Pfoten nicht auf das empfindliche Display fassen wollte und, peng, fällt das kostbare „Hightech Stück" zum ersten Mal in seinem Leben runter und trifft natürlich exakt auf gnadenlosen, nicht die kleinste Dummheit verzeihenden Untergrund! Ich schließe mit mir selbst eine Wette ab, dass solch ein „Unfall" im Kleingedruckten der Garantiebestimmungen des Herstellers unter „ausgenommen von jeglichen Garantieansprüchen ……" zu finden ist. Jetzt gehe ich noch einmal in mich und versuche wieder zum Wesentlichen zurückzukommen. Ich gehe mit einem innerlichen „OHMMMMM" zur Gartenpforte.

Das Stubencafé Lichthof ist eine urige, reetgedeckte Einkehr. Im überaus üppigen Staudengarten, der mich (jetzt schon) wehmütig an meinen Garten daheim denken lässt, inmitten der herrlichsten Düfte sind großzügig einzelne, gemütliche Sitzgarnituren für die Gäste platziert.

Wir finden ein schattiges Plätzchen unter einem Holunder in direkter Nachbarschaft einiger stattlicher Kletter- und Stockrosen und genießen die Aussicht auf dieses herrliche Paradies.

Weil es mir – als Mann – natürlich nicht auffallen würde, erklärt mir Gabi, das es ein Spleen der Besitzerin ist, stets zwei verschiedene Edel-Öko-Designer-Schuhe zu tragen. Als die besagte Dame zu uns kommt, um sich nach unseren Wünschen zu erkundigen, ertappe ich mich doch tatsächlich bei einem für Männer sehr untypischen Blick und - es stimmt!

Nach einem sündhaften Kaffee-Kuchen-Sahne-Schmaus kann ich meine Neugier nicht mehr zügeln und schau mir das ehrwürdige Gebäude von innen an. Die historischen, stilvollen Bauernmöbel passen gut in die holzvertäfelten Räume und erzeugen so eine sehr gemütliche, besinnliche Stimmung. Die Besitzerin registriert mit Genugtuung meine Anerkennung, und als ich aufgrund der dezenten „Hintergrundbeschallung" noch bemerke, „Ach, Enya, meine Lieblingsmusik", revanchiert sie sich mit einem Lächeln.

Die Räumlichkeiten bieten nicht nur hiesigen Künstlern eine willkommene Möglichkeit für kleinere Ausstellungen, sondern auch größeren Gesellschaften ein würdiges Ambiente.

Leider ist es für uns schon wieder Zeit zum Aufbrechen. Wir verabschieden uns, nicht ohne zu versprechen, das Haus samt seiner sympathischen Leitung weiterzuempfehlen. Bestimmt kommen wir noch einmal wieder!

34 Grad im Schatten! Schade, dass ich die flimmernde Hitze nicht im Bild festhalten kann!

Wir radeln direkt am Ufer weiter. Keine Autos, keine Straßen, nur Natur, Natur pur. Besser geht es nicht! So etwas entspricht meiner Idealvorstellung vom Ostseeküsten-Radweg.

Weiter geht's durch das riesige Naturschutzgebiet „Geltinger Birk". Draußen auf der See sehen wir wieder dieses herrliche Segelschiff, einen Gaffelschoner, den wir auch schon vor unserer Pause weit draußen beobachteten und fotografierten. Es kommt uns vor, als will er uns heute Gesellschaft leisten.

Auf solch traumhaften Radwegen kommt keine Langeweile auf. Der Split knirscht unter den Reifen, der Wind kommt zwar aus Südosten, also, wie immer von vorn, aber er ist warm und nicht allzu stark. Er hat allerdings eine föhnartige, austrocknende Wirkung und wir müssen uns regelrecht zwingen, genug Flüssigkeit zu uns zu nehmen.

Unweit vor Schleimünde sehen wir rechter Hand in einem ehemaligen Bundeswehrgelände, in dem vor geraumer Zeit noch Patriot Abwehrraketen stationiert waren, das neue Naturerlebniszentrum von Maasholm. Das Freigelände verfügt über einen Lehrpfad, eine Dauerausstellung und Spielplätze für die kleinen Racker. Und es gibt Mitmachaktionen für Jung und Alt. Wir fahren bis zur Schleimündung, um dann, Richtung Westen, vom Strand weg auf einer Halbinsel in der Schlei das kleine Fischerdorf Maasholm zu erreichen. Wir passieren den Hafen und schauen uns den gemütlichen, blitzblanken historischen Ortskern an. Das idyllische Fischerdorf hat sich seinen traditionellen Charakter bis heute erhalten. Die ständigen Anstrengungen hinsichtlich Pflege- und Erhaltungsarbeiten wurden mehrfach mit der Auszeichnung „Schönes Dorf Schleswig-Holsteins" belohnt. Im letzten Jahrhundert hat sich Maasholm vom Seefahrerort zum Fischerdorf gewandelt und lebt heute, wen wundert's, vorwiegend vom Fremdenverkehr.

Der kleine Hafen von Maasholm

Der Hafen, denkmalgeschützte Anlegestelle für Schleikähne, die Petrikirche, die 1916 erbaute, ebenfalls denkmalgeschützte Seenot-Rettungsstation und kleine mit Reet gedeckte Fischerkaten laden zu einem Rundgang durch den Ort ein.

Auf der Weiterfahrt nach Kappeln müssen wir leider etwa sieben Kilometer an der Bundesstraße entlangfahren. Kurz vorm Ziel werden wir von einem technikbegeisterten Radfahrerpärchen wegen des Fahrradanhängers angehalten. Ich beantworte gern ihre vielen, detaillierten Fragen. Bis zum Hafen fahren wir zu viert und stillen den Wissensdurst der Leute.

Gabi und ich beenden den gemeinsamen Teil der Fahrt mit einem einfachen (Fisch) essen am Hafen. Wir haben eine ausgefüllte erlebnisreiche Tour genossen. Die Rahmenbedingungen konnten nicht besser sein. Und nun ist meine liebe Schwester restlos happy aber auch ein bisschen kaputt. Sie lässt sich deshalb von Sohn Hauke abholen.

Da ich hier sowieso nicht übernachten möchte und ehrlich gesagt, auch noch ein bisschen Bewegung vertragen kann, setze ich meine Tour, nun wieder solo, fort. Ich verlasse Kappeln und folge dem Schleiuferweg nach Süden. Zunächst zwingt mich ein schmaler Wiesenweg zum Slalom, dann rausche ich, aufgrund der fortgeschrittenen Uhrzeit, durch dichte Mückenschwärme. Nur gut, dass ich zu diesem Zeitpunkt noch nicht mit mir selber sabbele und den Mund tapfer geschlossen halte! Wehe dem Radfahrer, der hier keine Sonnen- oder besser - Schutzbrille trägt!

Das schöne Städtchen Arnis, mit nur 350 Einwohnern die kleinste Stadt Deutschlands, war früher eine Insel in der Schlei, ist heute aber mit dem Festland verbunden. Arnis hat im Wesentlichen nur eine Straße, die einmal um den Ort herumführt (Lange Straße 1 – 91). Sie ist beidseitig von Lindenbäumen gesäumt. Die kleinen Häuser, oftmals Fachwerkbauten, sind eng aneinandergereiht. Erwähnenswert ist auch die Schifferkirche im Süden der Halbinsel, deren Kanzel, so heißt es, sei bei einer Sturmflut angeschwemmt worden.

Ich nehme die Fähre über die Schlei und erreiche schließlich das Ostseebad Damp. Aus der Stille der Wiesen und Wälder herkommend erschreckt mich der jähe Anblick extrem vieler Betonburgen und „toller" Hochhäuser, die sich am Strand nach Norden ausbreiten. Meinen Zeltplatz entdecke ich glücklicherweise weiter südlich. So, die Strecke von 15 km war genau richtig für die Verdauung des Fischmenüs aber jetzt muss ich endlich etwas gegen meinen entsetzlichen Durst tun.

Der Platz bietet alles, was das Camperherz begehrt. Ich habe nur 5,50 € bezahlen müssen, das war die günstigste Übernachtung überhaupt. Das einzige Utensil, das ich auch hier vermisse, ist die klassische „Picknick-Sitzgruppe", bestehend aus der grob zusammengezimmerten Kombination aus Tisch und zwei Sitzbänken. Früher war sie auf jedem Campingplatz anzutreffen, mittlerweile wird sie immer seltener und ist, wenn überhaupt, nur noch in Parzellen anzutreffen, die extra für „Minderbemittelte", Verzeihung, für Tagesreisende mit kleinen Zelten ausgewiesen werden. Heute ist das „normale Zelt" die Ausnahme und es mutet etwas eigenartig an, wenn man als Fahrradwanderer auf Plätze kommt, auf denen sich generell die Luxuswohnmobile aufreihen oder sich die permanent dort lebenden „Jahresplatz-Inhaber" hinter Eisenzäunen und Thuja-Hecken, oft mehrfach gesichert durch Scharen von Gartenzwergen, fest etabliert haben.

Glücklicherweise gibt es aber doch noch einige Individualisten und genau mit denen kommt man häufig leicht ins Gespräch. Offenbar liegen Welten zwischen den „Wohnmobilisten" und den Campern im herkömmlichen Sinne. Während wir in die Welt hinaus fahren und draußen leben, fahren die mit ihrer ganzen Welt hinaus und leben drin - ganz für sich allein oder in Wagenburgen mit ihren Bekannten.

Nach dem mein Lager aufgeschlagen ist und ich mich in einen menschenwürdigen Zustand gebracht habe, entspanne ich mich für den Rest des Abends im Garten des Zeltplatzrestaurants. Es gibt sehr mitreißende, gut gemachte Livemusik und erfrischendes Weizenbier: Jetzt runter mit den Drehzahlen, den Tag Revue passieren lassen und einfach relaxen. Es fühlt sich großartig an, nach dieser ausgefüllten, erlebnisreichen Tour - und einer ordentlichen Tagesetappe – einfach abzuhängen.

02.7. Damp - Wendtorf

Heute Morgen gibt es das übliche Kraftfutter, diesmal ausnahmsweise mit Vanillemilch. Die hat die relativ kühle Nacht gut überstanden und muss jetzt, vor der wieder einsetzenden Hitze, vorausschauend vertilgt werden. Mein etwas unspektakuläres „Jeden Morgen-Müsli-Frühstück" hat neben gesundheitlichen Aspekten den Vorteil, dass ich „Trockenfutter" auch bei größter Hitze problemlos mitführen kann. In der Campingküche habe ich in dem bescheidenen Reisevorrat drei wieder verwendbare 0,3 Liter Kunstoff-Gefäße, die sechs Frühstücksportionen enthalten. Eintönigkeit wirke ich entschieden entgegen, indem ich die eh schon ziemlich gesunde Kost aufbessere durch frische Früchte des Tages!

Wer normalerweise morgens Müsli zu sich nimmt, der sollte, aktuellen wissenschaftlichen Untersuchungen zufolge, seine Gewohnheiten bei extremen Anstrengungen nicht ändern. Hier erlaube ich mir allerdings eine Ausnahme und koche mir anstelle von Tee, wie zu Hause, einen die Lebensgeister anregenden Kaffe. Ich habe das Gefühl, dass ich den herrlichen Duft des frisch Aufgebrühten hier draußen wesentlich deutlicher wahrnehme als zu Hause. Es ist aber auch das Zeremoniell, das mir sehr viel bedeutet. Wenn ich bei passender Gelegenheit meine Fahrt unterbreche, weil es eine schöne Aussicht, einen ansprechenden Rastplatz oder einfach Appetit auf einen Kaffee gibt, dann setzt jedes Mal diese plötzliche Ruhe ein. Es liegt nicht nur daran, dass der Fahrtwind nicht mehr in den Ohren rauscht, es passiert „im Kopf". Alles kommt zur absoluten Ruhe. Ich höre mich atmen. Ich setze den Kocher in Gang und decke den Tisch oder, wenn keiner da ist, nutze ich den geschlossenen Anhänger als solchen. Mein bescheidenes Kaffeegeschirr, eine weiße Serviette, Löffel und einen Miniteller arrangiere ich so, als gäbe es noch wichtigen Besuch. Dann wähle ich aus dem reichhaltigen Vorrat an Tütchen mit Pulverkaffee, Espresso oder Cappuccino eine Sorte aus. Der Kocher benötigt fast weniger Zeit, um das Wasser zum Sieden zu bringen als ich für meine Tisch-Deko. Wenn sich jetzt das heiße Wasser mit dem Kaffeepulver vermischt, steigt dort, wo es normalerweise nach Erde, Wald, oder Wiesenblumen duftet, dieses verführerische aromatische Wölkchen hoch – einfach köstlich! Eine Prise Zucker und ein Portiönchen Kaffeemilch dazu, ein Paar Kekse auf das Tellerchen und dann bin ich vorübergehend in einer anderen Welt. Dann sind mir sogar vorbeihetzende Fahrradfahrer suspekt!

Auf einer früheren Radtour hatte ich in Schleswig Renate aus Berlin kennengelernt, die mich spontan nach Süderbrarup begleitete. Unterwegs meinte sie, „es ist so herrlich hier, jetzt noch irgendwo ein Tässchen Kaffee trinken und ich könnt' die ganze Welt umarmen". Es sind noch so etwa 10 km bis zur nächsten Ortschaft. Deshalb rief ich ihr hinterher: „Kannst schon mal anfangen mit Umarmen, solltest nur vorher anhalten!" Wir hielten und ich bereitete stilvoll die „Kaffeetafel a' la Feldrain" vor: das ganze Programm, natürlich mit Keksen. Renate war ziemlich „vom Donner gerührt", ich sah ein paar heimlich weggedrückte Tränchen der Rührung! Tja, wenn man eine perfekte Reiseküche hat, braucht man sich vor nichts zu fürchten! (frei nach Janosch!)

So, Schluss mit dem Sinnieren, alles einpacken und gut gestärkt geht es wieder auf die Piste. Ich nehme jetzt Eckernförde „aufs Korn". Der Tag wird (wieder) sehr heiß.

Nach mehreren Abkühlungen erreiche ich die Hafenstadt. Ein schickes Restaurant weckt mehr als nur Appetit und ich bestelle mir dort eine leckere Fischplatte. Anschließend schreibe ich einige Ansichtskarten und freue mich über die Aussicht auf den Hafen mit seinen Jachten und die weiter draußen liegenden Marineschiffe.

„Powered by Fish" radele ich weiter von Badestrand zu Badestrand.

Ich habe jetzt auch das leidige Thema Kurtaxe mit dem Kauf „eines Tickets für alle Strände" kompromissartig" auf meine Weise gelöst.

Nachmittags, am Strand des Örtchens „Dänisch Nienhof" realisiere ich mit Erstaunen, dass ich am Horizont im Nordwesten die Hochhäuser von Damp im Dunst sehen kann. Nach so vielen Stunden Fahrerei habe ich also gerade eine einzige Bucht umrundet! Das macht mir doch ein wenig zu schaffen – ich meine „zwischen den Ohren" - zeigt es mir doch deutlich, dass die Küste sehr lang und meine Geschwindigkeit ziemlich bescheiden ist. Allerdings war ich auch mehrfach im Wasser und habe Pausen eingelegt. Trotzdem, bei der Affenhitze und dem schweren Gepäck strengt das Fahren natürlich an! Habe ich mir etwa ein klein wenig zu viel zugemutet? Ich ignoriere die aufkeimenden Zweifel, denn mein beknackter Ehrgeiz hat sich schon wieder zurückgemeldet und so umrunde ich „noch eben" die gesamte Kieler Bucht. Kiel selbst wird in ein später nachzuholendes „Kulturprogramm mit Angelika" verbannt und Laboe ist folgerichtig jetzt für mich das nächste lohnenswerte Ziel.

Zuerst besuche ich selbstverständlich das hier am Strand ausgestellte U-Boot 995. Es gehört zur Gedenkstätte des Deutschen Marinebundes, wurde 1943 bei Blohm & Voss in Hamburg in Dienst gestellt und war bis zum 8. Mai 1945 im Einsatz. Die Außerdienststellung erfolgte im norwegischen Drontheim.

U-Boote wurden eingesetzt, um Geleitzüge und auslaufende Konvois zu bekämpfen sowie als Sicherung der eigenen Flotte. Insgesamt gab es von diesem Typ 693 Boote, lese ich.

Spätestens seit dem Film „Das Boot" muss man natürlich die erdrückende Enge an Bord „ausgiebig auf sich einwirken" lassen.

Der mit seinen 85 Metern Höhe über die Ostsee aufragende Turm des Marine Ehrenmals Laboe ist das Wahrzeichen der Kieler Außenförde. Wer sportlich sein will und (noch mehr) Kalorien verbrennen möchte, kann die Aufzüge ignorieren und die 341 Stufen hinauflaufen. Habe ich nicht, werde aber trotzdem von der Aussichtsplattform mit einem einzigartigen Rundblick über Land und Meer belohnt.

Ursprünglich dem Gedächtnis der im Ersten Weltkrieg gefallenen Angehörigen der kaiserlichen Marine gewidmet, wurde das Ehrenmal 1954 zur Gedenkstätte für die auf den Meeren gebliebenen Seeleute aller Nationen und zugleich zum Mahnmal für eine friedliche Seefahrt auf freien Meeren.

Zu der 5,7 Hektar umfassenden Gesamtfläche der Anlage gehört auch eine unterirdische Gedenkhalle, die historische Halle mit zahlreichen Schiffsmodellen und anderen marine- und schifffahrtsgeschichtlichen Exponaten.

Einmal mehr tief beeindruckt von unserer unheilvollen Vergangenheit vergesse ich sogar, noch einmal ins Wasser zu springen und radele grübelnd auf einem tadellosen Radweg bis Wendtorf zu meinem nächsten Biwak. Vom herrlichen Strand des Campingplatzes kann ich am stimmungsvoll eingefärbten Sonnenuntergangshimmel immer noch den Turm von Laboe erkennen.

03.7. Von Wendtorf zur Dahmer Schleuse

Der morgendliche Ablauf hat sich bereits regelrecht „automatisiert". Nur das Zelt stopfe ich nicht mehr in die dafür vorgesehene Packtasche. Alles passt viel besser in den Anhänger, wenn ich das unverpackte Zelt einfach zuerst in den Anhänger lege. Es passt sich so viel platzsparender den Konturen an. Aber selbst wenn alles eingeladen ist, habe ich jederzeit auch unterwegs bequemsten Zugriff auf meine „Feldküche". Das Zelt ist bislang niemals nass geworden. Der morgendliche Schönwetter Tau war, wie geplant, auf dem Sonnensegel verblieben. Die billige Mahlerfolie hatte die Feuchtigkeit von unten abgehalten. Wenn man auf das etwas umständliche Segel verzichten will, muss man unbedingt ein Doppeldachzelt oder separates Überdach haben.

Wieder beeindrucken mich die exzellenten Fahrradwege. Ich zwinge mich, dies ganz bewusst zu genießen, denn wie schnell kann sich so etwas ändern! Aber auch rechts und links des Weges gibt es regelrechte Augenweiden: Jetzt im Juli steht alles in voller Blüte, wie beispielsweise Klatschmohn, Kornblumen und wilde Kamille. Wenn man bedenkt, dass für Gartenplaner und Gartenbaubetriebe die Anordnung von Stauden und Einjährigen nach Größe, Farbe, Höhe und saisonalem Wachstum eine regelrechte Wissenschaft bedeutet, schafft die Natur dies scheinbar mühelos und, wie man sieht, mit optimalem Ergebnis. Wer sich einmal die Wahnsinnsmühe gemacht hat, einen eigenen Garten nach diesen Kriterien anzulegen – was ich tatsächlich versuche – sieht die Natur viel bewusster und im wahrsten Sinne „mit anderen Augen."

Ich erreiche die Hohwachter Bucht mit Todendorf und dem Weißenhäuser Strand. Und prompt werden Erinnerungen an meine vielen Schießplatzaufenthalte vor – ups – schon 40 Jahren wach. Damals schossen wir im Rahmen einer Fliegerabwehr Ausbildung mit dem „Franz-Josef-Strauss-Wunderpanzer", dem Hotchkiss Schützenpanzer 10, der mit der vortrefflichen 20 mm Rhein-Metall-Maschinenkanone ausgestattet war, auf ein Schleppziel, das von einer schnellen Bronco gezogen wurde.

Die Bundesluftwaffe hatte gegen Ende der 1960er Jahre 18 US Broncos bestellt, die unter anderem als Zielschleppflugzeug dienten. Sie besaßen keine Bewaffnung. Das Schleppziel wurde mittels einer Seilwinde gesteuert.

Natürlich durften wir immer erst das Feuer eröffnen, wenn die von der See kommende Maschine unsere Panzer überflogen hatte. Dann allerdings ging es dem Luftsack dreckig: Es war ein Leichtes, die scheinbar kurvigen Flugbahnen der Leuchtspurgeschosse zu beobachten und ab und zu wurde der Sack versehentlich sogar in Brand geschossen, was uns jedes Mal herrlich lange Unterbrechungen bescherte, die wir zum Sonnenbaden ausnutzten. Über die waghalsige Pilotin gab es so manche Gerüchte. Die Fantastereien intensivierten sich direkt-proportional mit der Dauer des Übungsplatzaufenthaltes.

Während ich so an alte Zeiten denke, fällt mir auf, dass sehr viele Badegäste bei diesen Supertemperaturen, wir haben heute wieder 36 Grad, von links vom Strand her kommend über den Radweg direkt in den vor mir liegenden

Campingplatz strömen. Es ist 15.30 Uhr! Natürlich, Deutschland spielt gleich gegen Argentinien. Ich frage ein paar Vorbeieilende, ob der Campingplatz eine öffentliche Fußballübertragung anbietet.

„Nein, das ist nur für Campingplatz Angehörige" wurde mir bedeutet.

Ich fahre trotzdem auf den Zeltplatz und mische mich unter die Fernsehzuschauer im Platzrestaurant. Draußen trocknen meine patschnassen Socken, Handschuhe, Mütze und Turnschuhe, malerisch am Fahrrad befestigt, in der heißen Sonne. Ach ja, mein Handy „pfeift aus dem letzten Loch". Mittlerweile gibt es schon eine Powerstation fürs Fahrrad. Sie bezieht den Ladestrom vom Nabendynamo und kann alle möglichen Verbraucher, wie Navigationssystem, MP3 Player oder eben auch das Handy aufladen. Man sollte aber absolut sicher wissen, welche Spannung und wie viel Watt das jeweilige Gerät benötigt, sonst kann schnell für immer „Ruhe im Karton" sein. Da ich all zu viel Hightech am Fahrrad nur als gefährliche Versuchung für Individuen halte, die Probleme beim Unterscheiden zwischen ihrem und dem Eigentum anderer Leute haben, frage ich den Wirt nach einer Steckdose zum Aufladen des Akkus. Der sieht jedenfalls kein Problem darin.

So erlebe ich ein tolles Spiel, gönne mir einige eiskalte Alsterwasser und habe mein Gespann draußen und das Handy drinnen stets im Blickfeld.

Das Spiel war unglaublich packend. Die Stimmung der Zuschauer im Restaurant großartig. Ich bin nicht wirklich Fußballfan aber jetzt doch restlos begeistert.

Obwohl mein innerer Schweinehund jetzt etwas lauter winselt, als sonst nach längeren Pausen üblich und am liebsten einen Platz für die Nacht hätte - muss wohl etwas mit dem Alkohol zu tun haben - fahre ich weiter über Oldenburg nach Dahme. Fehmarn lasse ich links liegen, vielleicht passt das einmal besser in eine Dänemarktour. Unterwegs sehe und höre ich viele Fußballfans, die laut grölend und deutschlandfahnenschwenkend sich ab Bauchnabelhöhe aus vorbeifahrenden Autos recken. Vorübergehend bekomme ich leichte Bedenken: Betrunkene Fußballfans, die in Scharen auftreten, sind mit Vorsicht zu genießen! Ich habe nämlich keine Deutschlandfahne, sondern die Flagge von Jamaika am Anhänger gehisst. Das war eben mein Tipp für den Ausgang der WM 2010 – das allerdings schon seit über einem Jahr und die meisten erkennen diese Nationalfarben sowieso nicht.

Im letzten Jahr habe ich während einer kleinen Nordholland-Tour in der Groninger Gegend die überaus positive Wirkung speziell bei den niederländischen Jugendlichen erlebt. Sie riefen begeistert „Hey, cool runnings" hinter mir her und ich wette, die kannten die zugehörige Story.

Als ich einmal vom Baden zum Fahrrad zurückkam, hörte ich einen kleinen Jungen seine Mutter fragen, was das denn für eine lustige Fahne an dem Anhänger sei? Sie erzählte ihm, dass es einmal ein paar sehr mutige junge Burschen aus Jamaika gab, die noch nie Schnee erlebt hatten und es trotzdem gegen tausend Widerstände geschafft hatten, mit einem Vierer-Bob an den Olympischen Winterspielen in Kanada teilzunehmen. Der Film über diese außergewöhnliche Geschichte heißt „Cool Runnings". Sie erzählte ihm natürlich auch, wie das Rennen ausging, aber das werde ich jetzt wegzensieren für den Fall, dass jemand Appetit auf das Movie bekommen haben sollte.

Während einer Nordamerikareise, die unter anderem auch durch Alberta, Kanada, führte, kam ich mit meiner Familie auch nach Calgary. Dort habe ich mich mit meiner Tochter Sarah in den Bob gesetzt, der im Movie Verwendung fand. Natürlich mussten wir uns auch die Bobbahn aus schwindelerregender Höhe anschauen – grausig und Furcht einflößend! Weil uns diese Geschichte sehr gefiel und ich einen Aufmacher für meinen Fahrrad-Anhänger suchte, fügte sich alles zusammen. Aufgrund der Farbgebung bilden Anhänger und Fahrrad eine perfekte Einheit, meine ich jedenfalls.

Mit meiner Jüngsten im Jahre 1993 in Calgary

Ich habe viele nette Gespräche mit interessierten Zeitgenossen wegen des Anhängers, der Flagge oder des Schriftzuges gehabt. Lustige Randbemerkungen und Zurufe – auch im Hinblick auf die Fußballweltmeisterschaft – waren auf der Tagesordnung. Und, wenn ich einmal ohne Anhänger auf Achse bin, merke ich deutlich – da fehlt etwas! Dieser urige Einrad-Anhänger hat sich für mich im doppelten Sinn zu einer „Beziehungskiste" gemausert.

Wieder komme ich später auf dem Zeltplatz an, als ich das eigentlich wollte. Der Platz bei der Dahmer Schleuse verfügt über viele Schatten spendende Kiefern. Das Sonnensegel wird beim Abendbrot die Kiefernnadeln von meiner Suppe fernhalten und später den morgendlichen Tau auffangen. Ich nutze die letzten Sonnenstrahlen, um Schlafsack, Baumwolle-Inlett, Kopfkissen und Schlafanzug noch „etwas Sonne tanken" zulassen (vielleicht träumt man dann ja auch viel besser?). Das Inlett kommt entweder bei Temperaturen unter 7 Grad im Schlafsack zur Verwendung und bringt dann einen zusätzlichen Kälteschutz von bis zu 5 Grad oder ist bei eventuellen Übernachtungen in der Jugendherberge nützlich. Der Schlafsack darf dort aus hygienischen Gründen nicht genutzt werden. Während dieser Hitze-Tour herrschen allerdings auch des Nachts noch mediterrane Temperaturen, weshalb der Schlafsack nur als komfortable Unterlage und das Inlett zum Zudecken dient.

Jetzt folgt die allmählich in „Fleisch und Blut" übergegangene Abendroutine: Plastikfolie auf den Boden, Minizelt darauf, fertig! Bis dahin benötige ich etwa 2 Minuten.

Die Herausforderung besteht jedoch immer darin, das große Sonnensegel, sinnvoll und sturmfest zu befestigen. Weil ich aus Platz- und Gewichtsgründen keine Aufstellstangen mitnehme, muss das Zelt in unmittelbarer Nähe zu einem oder besser, mehreren Bäumen aufgebaut werden. Notfalls wird eine Abspannleine am Fahrradsattel befestigt und das Fahrrad mit abgespannt. Das gibt gleichzeitig zumindest ein Gefühl von (Diebstahl) Sicherung. Das „Überdach" minimiert den „Tropfsteinhöhlen-Effekt" im Zelt,, der durch das Auftreffen der eigenen Körperwärme auf das kühlere Zeltdach entsteht und leitet Tau und Regen ab. So bleibt das Zelt relativ trocken. Das eventuell nasse Sonnensegel kann stets separat verpackt werden. Das Aufpumpen der Luftmatratze schaffe ich mittlerweile in etwas über einer Minute. (Der Verkäufer in einem Oldenburger Outdoor Shop hat bei seiner Vorführung zwei Minuten benötigt!) Die Aufpump-Zeremonie ähnelt der gekonnten Reanimation eines Menschen. Man kniet sich vor die Matratze, legt beide Handflächen auf die dafür vorgesehene, gekennzeichnete Stelle und pumpt. Das nicht gerade preiswerte Teil hat sich bereits auf mehreren längeren Touren äußerst bewährt. Mit einer Stärke von sieben Zentimetern ist es schon ziemlich komfortabel. Ich hatte allerdings mehrfach nachts ein „geheimnisvolles, leises Stöhnen" vernommen. Ich bin relativ sicher, dass ich aufgrund meines Alleinseins nicht schon halluziniere, vielmehr muss die Ursache in dem eingebauten Blasebalg zu finden sein. Wenn ich mal viel Zeit habe, werde ich der Sache auf den Grund gehen, komplett bezahlt hatte ich die Matratze jedenfalls!

Aber nun mache ich es mir erst einmal gemütlich. Die mit „Klaras Wärme" aufgetankten Schlafutensilien bereite ich im Zelt auf der Luftmatratze aus. Die beiden großen Packtaschen finden neben der Matratze (Zweimannzelt!) ausreichend Platz. Dann folgen die Lenkertasche mit Handy, Stirnlampe und Buch, der Rucksack und zuletzt die Waschtasche, nein, ich!

04.7. Dahmer Schleuse - Boltenhagen

Ich passiere Travemünde. Lübeck mit seiner historischen Innenstadt möchte ich mir aufheben und mit vielen weiteren Sehenswürdigkeiten lieber außerhalb der Saison noch einmal besuchen. Denn bei dieser Affenhitze, „diesele" ich mal wieder wie eine Wildsau und ich fühle mich wie „paniert" mit Salz und Staub, also schreit alles in mir nach Wasser, Baden und Abkühlen. Ich kann mir nicht vorstellen, dass es irgendjemand an meiner Stelle vorgezogen hätte, triefend und schmutzig mit nass geschwitzten Klamotten in ein Museum zu „schwappen". Außerdem muss ich immer die Möglichkeit haben, das Fahrrad sicher abstellen zu können, anderenfalls hätte ich sowieso keine wirkliche Ruhe!

Bevor ich überhaupt den Hafen ausmachen kann, sehe bereits die alles überragenden 54 m hohen Masten der "Passat".

In 2 ½ Monaten bis in den südlichen Pazifik (Hamburg-Valparaiso)

Sie ist das Schwesterschiff der 1958 im Atlantik gesunkenen Pamir und wurde als Ersatz für das im November 1910 verloren gegangene Fünfmast-vollschiff „Preußen" am 02. März 1911 bei der Hamburger Werft Blohm & Voss auf Kiel gelegt. Am 20. September fand der Stapellauf statt und am 25. November 1911 wurde sie seefertig ausgerüstet abgeliefert. Der Preis betrug 680.000 Gold Mark.

Die Passat schaffte eine Reise von Hamburg bis Valparaiso in 73 Tagen! Selbst voll beladen mit 4.700 t Salpeter benötigte sie auf der Rückfahrt nur 75 Tage. Im Kanal war sie unter vollen Segeln zweimal in schwere Havarien verwickelt. Aufgrund der Kriegswirren und der Weltwirtschaftskrise wechselten häufig ihre Eigentümer.

In meinem Geburtsjahr, 1951, sollte sie zusammen mit der Pamir in Antwerpen abgewrackt werden. Dies konnte im letzten Moment durch Rückkauf der Schiffe verhindert werden. Nach dem dramatischen Untergang der „Pamir" 1958 wurde die Passat 1959 endgültig außer Dienst gestellt und an die Hansestadt Lübeck verkauft.

Ich lasse den Zauber dieses stolzen Schiffes intensiv auf mich einwirken und fange langsam an zu träumen. Ich setze schließlich die Segel und nehme mit dem mit schweren Kanonen bestückten Schiff Kurs auf den Indischen Ozean, um dort Piraten zu jagen – ha ha, schöner Traum!

Ich „studiere" aber auch einige Details der Takelage, um, vielleicht in der Winterzeit, eventuell doch noch an einer meiner „Jahrhundertbaustellen", am Modell der Pamir, weiterzubasteln. Mein Bruder Ralf hatte mir vor einigen Jahrzehnten diesen (fast) kompletten „Graupner-Schiffsmodellbausatz" aus den 50ern überlassen.

So, Passat und Schleswig Holstein Ade, auf nach Mecklenburg-Vorpommern. Jetzt muss ich vermutlich noch einmal Kurtaxe bezahlen? Auf meiner groben Übersichtskarte sind erst einmal überhaupt keine Zeltplätze eingetragen aber dafür ist der Maßstab auch nicht vorgesehen und schließlich ich bin ja Optimist!

Jedenfalls werde ich erstmal aufs Freundlichste „begrüßt" von einem sehr angenehm zu fahrenden Bohlenweg, der mitten durch einen wildromantischen, naturbelassenen Landstrich in unmittelbarer Nähe zur Küste verläuft. Anschließend führt die Route weiter über völlig autofreie aber großzügig angelegte und geteerte Wirtschaftswege, die allerdings mit einem mir sehr vertraut gewordenen eklatanten Nachteil aufwarten: mit kräftezehrenden Hügeln.

Mit penetranter Regelmäßigkeit stellt sich mir alle 300 bis 400 Meter ein garstiger Anstieg nach dem anderen in den Weg. Häufig muss ich absteigen und das schwere Gefährt schieben – was natürlich bei der Hitze nicht so toll ist, weil dabei auch der Fahrtwind fehlt. Den gibt es zwar abwärts um so heftiger aber nur für ein flüchtiges Momentchen.

Das einzige Mittel zur Abkühlung bleibt also das Bad in der See. Der Radweg verläuft parallel, im Abstand von etwa 50 bis 80 Metern zur See und es gibt viele Querverbindungen zum Ufer. Also, links abbiegen und rein in den losen Sand. Hier kann ich das Gespann aufgrund des Gewichts überhaupt nicht mehr bewegen. Also, abstellen direkt am Weg, Turnschuhe und Socken aus und zum Austrocknen malerisch rechts und links an den Lenker gehängt. Badehose und Kajakschuhe aus der Packtasche, T-Shirt links herum über den Sattel gelegt, mehr oder weniger im Weitergehen die Hosen gewechselt und schon bin ich am Wasser. So, hier stehe ich und schaue. Der Sand ist weg! Hatten die Genossen etwa den ganzen herrlichen Sand für ihren sozialen Wohnungsbau wegschaffen lassen? Nach all den Superbadestränden habe ich es nun mit einem echten Naturstrand zu tun. Es gibt viele große Steine, die dick mit dunkelgrünen Algen bewachsen und äußerst glitschig sind. Dazwischen wabern armdicke Algenwürste, denen der stationäre Aufenthalt auf den Felsen wohl zu langweilig geworden ist. Diese grüne Suppe reicht so um die 30 Meter in die See. Da sich die Naturstrände augenscheinlich kilometerweit hinziehen, streife ich entschlossen die Kajakschuhe über und wate in die Fluten. „Egal", denke ich und empfinde die Brühe jedenfalls als angenehm erfrischend. Und wenn man erstmal im tieferen Wasser ist, wird alles wieder gut.

Nach dieser Erfrischung benötige ich eine ganze Weile, um die dicken dunkelgrünen Algenfäden aus meinen Kajakschuhen zu entfernen. Besonders hartnäckig haften sie an den Klettverschlüssen! Die nassen Sachen wandern in die Packtasche links. Ich fühle mich wieder wohl und kann jetzt sogar die sonnengetrockneten Sachen anziehen. Perfekt, aber die nächste Steigung lässt nicht lange auf sich warten!

Zwei Drittel der Fläche Mecklenburg-Vorpommerns werden von den Landwirten bewirtschaftet und gepflegt. Zu den wichtigsten Wirtschaftsfaktoren im Land zählt die Land- und Ernährungswirtschaft, die maritime Industrie mit hochmodernen Seehäfen, das Fischereiwesen, die Seeverkehrs- und Hafenwirtschaft sowie das Holz verarbeitende Gewerbe. Natürlich gewinnt der Tourismus zunehmend an Bedeutung. Durch die reizvolle Landschaft, die saubere Luft und das gesunde Klima zählt das Land inzwischen zu den gefragtesten Reisezielen deutschlandweit. Die in den letzten 20 Jahren stark veränderten Touristenströme haben z. B. die bislang verwöhnten Schleswig-Holsteiner sehr negativ zu spüren bekommen, was ich selbst gerade erleben durfte.

Auf der Fahrt zum Ostseebad Boltenhagen gibt es für den Naturfreund wieder herrliche Ausblicke über Wiesen und Wälder. Gigantisch ist der Blick nach Norden über die riesige Lübecker Bucht in Richtung Grömitz, Kellenhusen und Dahme. In Boltenhagen gibt es einen riesigen, gut organisierten Campingplatz. Meinem „Baumwunsch" wird gern entsprochen. Sozusagen als kleine Zugabe bekomme ich aus dem nahen Wäldchen blutgierige Mücken gratis dazu. Aber in der Lenkertasche habe ich ständig ein bewährtes Abwehrspray griffbereit und mein preisgünstiges Minizelt aus dem Baumarkt verfügt glücklicherweise sogar über ausreichend wirkungsvolle

Hier möchte man Hummel sein!

Moskitonetze in den Belüftungen und am Eingang. Weil ich schon seit eh und je „süßes Blut" habe, bin ich stets ein lohnendes Angriffsziel für Stechmücken. In den USA wurde mir ein sehr wirkungsvolles Spray namens „OFF" empfohlen. Man durfte es nur im Freien anwenden. Nach Gebrauch sollte man anschließend tatsächlich seine Kleidung waschen und sich duschen!

Wenn schon die sonst nicht sehr zimperlichen Amerikaner solche Warnungen für sinnvoll erachten, musste das Mittel wirklich ein Teufelszeug gewesen sein! Wir vermuteten damals, es könne Kampfstoff gewesen sein, deshalb die empfohlenen Dekontaminationsmaßnahmen! Einem Bekannten, der sich mit „Off" eingedieselt hatte und eine längere Zeit lesend, also relativ reglos auf einem Kunststoffsessel saß, bemerkte Folgendes: Als er die eingesprühten Unterarme anhob, entstanden lange weiße Kunststofffäden! Na ja, da begnüge ich mich doch lieber mit dem garantiert kampfstofffreien und weit weniger aggressiven Autan.

Jetzt geht es zum Einkaufen, was nicht ganz unkompliziert ist. Erstens ist es extrem heiß und ich habe keinen Kühlschrank und zweitens sind die meisten Portionen viel zu voluminös für einen Fahrradreisenden. Ich suche etwas für die Bratpfanne. Ein Sixpack ist mir zu groß – ich denke weder an das Meinige noch an Bier! Es geht um Hühnereier!

„Die werden nur dann in kleineren Mengen verkauft, wenn es in der Packung gesprungene Eier geben sollte," verrät mir die Verkäuferin. Es fand sich tatsächlich eine Packung mit zwei „angekickten" Eiern. (Womit ich aber nicht in irgendeinen Verdacht kommen möchte!) Litergebinde wie Milch oder Saft kann ich normalerweise bis zur einsetzenden Tageshitze nicht verbrauchen. Von den bekannten Lebensmittelmärkten bietet beispielsweise REWE Halblitertüten Milch an. Man kann sich allerdings auch gut mit „Müllers Milch" und Ähnlichem aushelfen. Ein Paar Scheiben Brot, Schinken und Käse für heute Abend, drei Äpfel und eine Flasche Apfelsaft für Morgen, das ist mein bescheidener Einkauf. Da der Anhänger und die Packtaschen optimal gefüllt sind, kommt mein fast täglicher Einkauf in den Rucksack, der mit einem Expandergummi auf dem Gepäckträger zwischen den beiden Packtaschen gesichert wird.

Auch mein Waschzeugbeutel, mit den Maßen 18x8x8 cm, schreit förmlich nach Mini Gebinden, wie: mini Zahncreme, mini Duschgel, mini Mundwasser. Der letzte Schrei ist die zusammenklappbare Zahnbürste, allerdings muss ich ja nicht jeden Blödsinn mitmachen. Mir ist aufgefallen, dass der schwerste Gegenstand in meinem Waschzeugbeutel das Deodorant ist. Aber bei der „Dieselei" in dieser tropischen Hitze möchte ich keinem Radfahrer in geschlossenen Räumen begegnen, der so etwas aus Gewichtsgründen zu Hause ließe. Schließlich wäre da noch das Mini-Geschirrspülmittel für den großen Abwasch danach zu erwähnen. Ich hatte mir vor Fahrtbeginn drei kleine Leerfläschchen im Outdoor-Laden besorgt und dann die Erste mit Spüli, die Zweite mit Olivenöl zum unfallfreien Umgang mit der Bratpfanne und die Dritte mit Salz gefüllt. Um folgenschwere Komplikationen zu vermeiden, habe ich die schlichten Kunststoffteile mit einem Permanentstift entsprechend beschriftet. Wer hat, kann auch Filmdöschen für Salz oder Gewürze nutzen.

Ich habe den Eindruck, dass dieses Boltenhagen etwas ganz Besonderes sein muss: Zunächst fällt mir (natürlich) der fantastische Strand mit fast weißem Sand und kristallklarem Wasser auf. Der ADAC hat Boltenhagen gerade die Spitzenbewertung hinsichtlich der hervorragenden Wasserqualität bescheinigt!

Vor gut 700 Jahren kamen Siedler aus Niedersachsen und Westfalen in diese Region. Sie bauten ihre Häuser im Baustil des niedersächsischen Bauernhauses, das auch als das niederdeutsche Hallenhaus bezeichnet wird. In Alt-Boltenhagen findet man noch einige dieser Häuser. Seit 1803 ist Boltenhagen Seebad. Damals hat ein gewisser Graf von Bothmer bei Redewisch einen Badekarren aufstellen lassen. Bald darauf waren dann auch in Boltenhagen Badekarren, die von Pferden bis zur Achse ins Wasser gezogen wurden, der Strand-Hit. Auch wenn Heiligendamm schneller war (da wurde schon 1793 großherzoglich gebadet), zählt Boltenhagen zu den ältesten deutschen Seebädern. Der erste Urlauber Ansturm begann wohl um 1850. "Strandlöpers" quartierten sich damals bei den Bauern und in bescheidenen Pensionen ein. Wer allerdings Wert auf etwas Luxus legte, buchte im "Großherzog von Mecklenburg" (1845 erbaut). Mit seinen Gärten, Gewächshäusern, Kegelbahnen und Boulevards gab es dem ländlichen Boltenhagen ein neues Flair. Fortan ließen sich auch Prominente von Meeresluft und Sandstrand ins mecklenburgische Seebad locken.

Alle mögen Boltenhagen und ich jetzt auch! Aber nun folge ich trotzdem meinem Urinstinkt und gehe noch in den zeltplatzeigenen „Tante Emma Laden". Der ist bis 22.00 Uhr geöffnet, innen ist es fürchterlich heiß, die nette Verkäuferin tut mir leid. Ich gönne mir eine gut gekühlte Flasche Bier und gehe mit meiner Beute zurück zum Zelt. Dort bereite ich mir einen einfachen aber wohlschmeckenden „Pfannenschlag" zu. Dazu zerschneide ich ein Paar Scheiben Schinken in kleine Stückchen, schlage vier Eier auf und rühre sie in einem (Frühstücks) Schälchen gut durch. Einen Spritzer Olivenöl in die Pfanne (aus dem Mini-Fläschchen), die **Hälfte** der Rühreimasse (Mini-Pfanne!) zusammen mit den Schinkenstücken hinterher und anstocken lassen. Nun eine Scheibe Brot in die Pfanne legen und antoasten (das Ei wird aus Platzgründen auf der Brotscheibe „zwischengeparkt"), danach das Brot umdrehen und eine große Scheibe Käse darauflegen - und das Ei? Richtig, das wird oben auf den Käse gepackt – aus Platzgründen! Gerade, wenn der Käse anfängt, in die Pfanne zulaufen, wird dem Kocher das Gas abgedreht. Der Inhalt einer Minipackung Ketchup (diese ist wohl mal bei einem hier nicht näher bezeichneten Fast-Food-Ketten-Menü übrig geblieben) wird nun auf das etwa 3 cm dicke Unikum entleert, ein bisschen Salz dazu und dann – ja, dann hat das wohlschmeckende „Sandwich" keine Überlebenschance mehr! Und auch der zweite Durchgang endet wie der Erste!

Nach dem Aufklaren schleiche ich noch einmal in den Shop, um brav die leere Flasche abzugeben! Ha, ha! Dabei komme ich ins Gespräch mit Vanessa, der Verkäuferin und lass mir noch eine Flasche des kühlen Gerstensaftes geben. Salzstangen hat sie leider nicht aber dafür eine salzige Laugenbrezel, die noch viel besser zum Bier passt.

Ich darf es mir im Hinterhof bequem machen (Sitzgruppe und Tisch sind für mich nämlich ein ausgesprochener Luxus) und wenn grad kein Kunde im Laden ist, setzt sich Vanessa zu mir und wir klönen unter anderem ein wenig über 400 € Jobs, daraus wahrscheinlich resultierenden Spätfolgen und überhaupt, über das ganze Unrecht in dieser ach so grausamen Welt. Für das letzte Bierchen muss ich auch nicht mehr weit laufen!

Für den nächsten Morgen nehme ich mir fest vor, einen neuen Satz Pedale zu kaufen. Meine Kunststoff-Mountainbike-Pedale haben zehn Jahre lang brav durchgehalten aber die „Höhen und Tiefen" von NWM (Nordwest-Mecklenburg) haben ihnen endgültig den Garaus gemacht.

05.7. Boltenhagen - Kühlungsborn

Der Morgen fängt nicht so gut an. Ich bin kurz in die Stadt geradelt und nun sieht es nach Regen aus. Meine Sachen, einschließlich Schlafsack, hängen noch auf der Leine! Und es gibt keine passenden Ersatzpedale im Ort. Ein Fahrradverleiher, der auch eine kleine Werkstatt unterhält, will einem abgeschraubten Pedal gerade „fachmännisch" mit dem Hammer zu Leibe rücken. Ich kann das Teil im letzten Moment retten und beschließe, diesen Experten nicht weiter zu bemühen. Ich hoffe, dass die angerissenen Pedale noch bis Wismar „durchhalten" und nicht hinter dem nächsten Hügel das Zeitliche segnen. Aus dem rechten Pedal ragt ein Splitter nach oben, der im Verlaufe der nächsten Kilometer anfängt, systematisch meinen Turnschuh zu zerspanen.

Ich fahre zum Zeltplatz zurück, checke aus und mache mich auf den Weg.

Der Ostseeküstenradweg verläuft jetzt nicht mehr in unmittelbarer Nähe der Küste, was für mich (diesmal) eine willkommene Abkürzung bedeutet. Glücklicherweise gibt es immer wieder lohnende Ausblicke in Richtung See.

Der Fachmann im Fahrradfachgeschäft in Wismar ist zufällig auch Raleigh-Fachhändler. Er schraubt während einer netten, lockeren Unterhaltung ein paar neue Pedale an, die sogar noch breiter und stabiler sind als die Alten, justiert, sozusagen nebenbei, die Kettenschaltung, erklärt mir beim Anblick meines Gepäcks, dass mein Fahrrad durchaus 125 kg trägt. Angesichts der guten „Unplattbaren" Schwalbe Marathon plus Reifen meint er:

„Damit hätte ich auch ein gutes Gefühl bei einer so langen Reise".

In der City von Wismar „tobt der Bär", die Stadt ist komplett in der Hand von Touristen – mich eingeschlossen! Hier gibt es tatsächlich auch viel zu sehen. Die Stadt wartet mit einer solchen Fülle von Geschichtsträchtigem auf, dass ich wohl mindestens 2-3 Tage für eine intensive Stadtbesichtigung bräuchte. Die imposanten spätgotischen Gotteshäuser St. Nikolai und St. Marien recken sich hoch in den Himmel der piekfeinen Hansestadt, es sind backsteinerne Bauwerke und beeindruckende Kulturdenkmäler von gewaltigem Ausmaß.

Nur St. Nikolai, einst das Gotteshaus der Schiffer und Fischer, überstand den Krieg unbeschadet. Mit ihrem 37 m hohen Mittelschiff gehört sie zu den höchsten Kirchen Deutschlands. Ich habe während meiner Besichtigung noch das Glück, einem Blechbläser-Konzert zu lauschen. (Beim Eintreten hätte ich zunächst schwören können, dass es sich um ein kleines Orchester handelt, aber es waren tatsächlich nicht mehr als zwei Musikanten. Die grandiose Resonanz macht es wohl möglich!

Von St. Marien, der ehemaligen Ratskirche, blieb nur der mächtige 80 m hohe Turm übrig. Eine Landmarke Wismars, die seit Jahrhunderten gen Land und See grüßt. Sankt Georgen, damals die größte Kirche, erlebt heute ihren tatkräftigen Wiederaufbau.

Sehenswert ist natürlich auch der 10.000 m² große Marktplatz, einer der größten in Norddeutschland mit der etwas fremdländisch wirkenden Wasserkunst in seinem Zentrum. Sie wurde 1580 bis 1602 nach den Plänen des niederländischen Baumeisters Philipp Brandin aus Utrecht im Stil der holländischen Renaissance erbaut und diente bis 1897 der Trinkwasserversorgung der Stadt. Die Spruchbänder in lateinischer und deutscher Sprache berichten von der Trinkwasserversorgung in früheren Zeiten. Auf der Nordseite des Marktplatzes befindet sich das Rathaus. Im Jahre 1807 stürzte der linke Flügel des spätgotischen Vorgängerbaus ein. Nach Plänen des Ludwigsluster Hof- und Landbaumeisters Johann Georg Barca wurde das Rathaus im klassizistischen Stil in der Zeit von 1817 bis 1819 wiederaufgebaut. Dabei wurden die noch brauchbaren gotischen Gebäudereste u. a. im Kellerbereich in den Neubau miteinbezogen.

Die prunkvollen Giebel in der Altstadt haben es mir besonders angetan.

Dazu gehören: Der „Alte Schwede" von 1380, der Fürstenhof aus dem 16. Jhdt. (Sitz der mecklenburgischen Herzöge), mit dem sogenannten „Alten Haus" im spätgotischen Stil und das „Neue Haus" gebaut in den Jahren 1553 bis 1555 im Stil der italienischen Renaissance.

Der viergeschossige Jugendstilbau Krämerstraße / Ecke Lübsche Straße ist das Stammhaus der Karstadt AG. Der Name der Krämerstraße mit ihren vielen sehenswerten Giebelhäusern weist auf die frühere und heutige Nutzung als Geschäftsstraße hin.

Das Schabbellhaus wurde 1569 bis 1571 nach Plänen des Utrechter Baumeisters Philipp Brandin als Brauhaus und Wohnhaus für den späteren Wismarer Bürgermeister Hinrich Schabbell errichtet. Es ist eines der frühesten Renaissancegebäude im Ostseegebiet, das die in den Niederlanden übliche Materialkombination von Backstein mit schmückenden Sandsteinelementen zeigt.

Das Zeughaus gilt als eines der bedeutendsten barocken Zeugnisse schwedischer Militärarchitektur in Deutschland.

In Wismar habe ich mir den wohl längsten Stadtbummel (per Rad) erlaubt, unterbreche nur für einen herzhaften Fischteller, kann nicht wegschauen bei lockenden Eis-Spezialitäten und muss schließlich noch eine Pause für Kaffee und Kuchen einlegen - ich armer Hund!

Am späteren Nachmittag steige ich wieder aufs Fahrrad, um festzustellen, dass mein Tachometer nicht nur seinen Dienst quittiert, sondern auch sämtliche Daten erfolgreich gelöscht hat. Um die 500 km bin ich von Flensburg auf dem oft zickzack verlaufenden - möglichst alle Autostraßen umgehenden Radweg- bis nach Wismar geradelt. Aber genaugenommen sind mir Entfernungskilometer ziemlich „wurscht", denn: Der Weg ist ja das Ziel". Und damit mir der nicht zu anstrengend wird, teile ich mir die Tagesetappe grundsätzlich in mehrere Abschnitte ein:

Meine Tagestouren starte ich zu „Christlichen Zeiten", das heißt, stressfrei so zwischen 8 und 9 Uhr, manchmal auch später. Ich peile in etwa eine Tagesetappe von rund 100 km an. Halbzeit ist also um die Mittagszeit und da lege ich eine wirklich generöse große Pause von rund 2 Stunden ein. Aber die beiden „Blöcke" vormittags und nachmittags unterbreche ich noch einmal für eine Pause von mindestens 20 Minuten. Nach diesem täglichen „Grundschema" erreiche ich meistens gegen 18.00 Uhr einen Campingplatz.

Natürlich richten sich sämtliche Pausen nach den örtlichen Gegebenheiten und Möglichkeiten. Mein Prinzip beherzigt den gesunden Grundsatz: Bevor mir irgendetwas schmerzt, mache ich schon eine Pause oder unterbreche die „sitzende Tätigkeit" für Einkäufe, Besichtigungen oder einem Schwätzchen. Es war sicherlich auch kein Zufall, dass ich weder unter Muskelschmerzen, noch unter übermäßigem Protest meines Allerwertesten zu leiden hatte.

Jetzt ist noch eine lohnenswerte Insel in Sichtweite: Poel. Mit 36.000 qkm Deutschlands 7. größte Insel. Dort gibt es (auch) schneeweiße Supersandstrände. Leider kann ich nicht alle tollen Urlaubsziele in eine Tour quetschen. Ich sollte vielleicht noch eine extra Inseltour planen?

Und so genieße ich den Radweg Richtung Kühlungsborn. Besonders die schmalen Pfade entlang der Steilküste übertreffen meine kühnsten Erwartungen. Die Splitwege sind hart und trocken. Es gibt kaum Schlaglöcher und andere Hindernisse, sodass ich mich auch während der Fahrt ausgiebig umschauen kann. Wege in dieser, fast naturbelassenen Form fügen sich sehr gut in das Gesamtbild der Landschaft ein.

Dieser Streckenabschnitt ist so außergewöhnlich wildromantisch, dass er sich auf „meiner ganz privaten Festplatte" für immer einbrennen wird! Wenn Frau Pilcher diese Gegend sehen würde, kehrte sie dem Königreich sofort den Rücken! Und dennoch sind diese Traumwege, obwohl jetzt Hochsaison ist, eher einsam und wenig befahren – wie man auch unschwer auf den folgenden Fotos erkennen kann. Vielleicht liegt es ja auch an der abartigen Hitze und die Leute liegen lieber entspannt in der See, als sich schwitzend und in voller Montur auf dem Rad abzurackern.

Diesen romantischen Steilküstenwegen gebe ich glatte 10 Genusssterne!

Das nächste Highlight ist Kühlungsborn. Beeindruckend ist die Fülle historischer Gebäude im Stil der Bäderarchitektur. Die Villen verbinden den Charme der "guten alten Zeit" mit dem Komfort von heute. Frisches Grün ist überall zu finden, sowohl in den Alleen als auch im zentral gelegenen Stadtwald. Hier gibt es Deutschlands längste Strandpromenade. Auch die elegante Ostseeallee lädt mit nostalgischem Flair zum Bummeln einlädt. Übrigens, Fahrradfahrer dürfen nicht auf den Promenaden fahren. Geht in der Hauptsaison auch gar nicht! Also, viel schieben und (noch) mehr sehen.

Von Zeit zu Zeit fallen mir Urlauber auf, die von den Balkonen der Villen das muntere Treiben auf der Promenade verfolgen. Ich vermisse dieses „exklusive vier bis fünf Sterne Segment" absolut überhaupt nicht. Ich freue mich jetzt auf meinen „Halb-Stern-Zeltplatz" und die warme Dusche. An diesem Abend veranstalte ich noch eine kleine Beach Party im weißen Sand. Meine sehr angenehme Gesellschaft besteht aus prächtigen, wohlbeleibten Käsestullen, die mir in Begleitung einer schlanken Flasche trockenen Rotweins einen wohlverdienten Tagesausklang bereiten. Dabei geht mir, einigermaßen nachvollziehbar, die Melodie des alten Schmachtfetzens „RED RED WINE" von Neil Diamond durch den Kopf und führt mich gedanklich unverhofft auf den kleinen Marktplatz von Trogir, einem der schönsten Orte von Kroatien, in den es uns im Verlaufe langer SFOR Einsätze immer wieder verschlug. Dort gehörte dieser Hit zum allabendlichen Repertoire eines hervorragenden „Bänkelsängers" und - in Rotweinlaune – schon bald auch zu unserem.

Zurück am Ostseestrand sehe ich mich gezwungen, die Flasche fürsorglich und gänzlich zu leeren, auch wegen der Transportprobleme.

06.7. Kühlungsborn - Prerow

So gegen 9 Uhr fahre ich gemütlich los. Ich peile erst einmal das populäre Heiligendamm an. Die „Weiße Stadt am Meer" ist etwas außerordentlich Edles. Hier sind die vornehmen klassizistischen Villen wie Perlen an der Schnur aufgereiht. Der Ort wurde 1793 durch Großherzog Friedrich Franz I. gegründet.

Im „Herzoglichen Wartesaal" kann man im ausgezeichneten Ambiente auf Molli warten, und wenn sie dann tüchtig unter Dampf steht, geht's ab mit ihr und mir - je nach Wunsch, für 25 € entweder nach Kühlungsborn oder nach Bad Doberan, Ach Molli, es wär bestimmt ne tolle Fahrt mit dir aber ich hab mein Rad und brauch dich nicht.

Die Uferpromenade ist rappeldicht zugestopft mit Besuchern. Wär auch schlimm, wenn das in der Hauptsaison anders wäre. Natürlich schiebt man hier sein Fahrrad. Und weil die Promenade naturgemäß vis-a`-vis an der lockenden Brandung liegt, so dicht, dass ich die salzige Luft förmlich schmecken kann, hält mich schon gar nichts von einem Bad ab.

Frisch eingesalzen düse ich weiter und habe bereits mehrere Badestopps hinter mir bis zur Mittagspause in Warnemünde. Ich fühle die Salzkruste auf der Haut, man zahlt zwar Kurtaxe (einmal!) aber eine Dusche gibt es nicht überall. Übrigens, eine Art Kurtaxe wurde hier bereits im Jahre 1888 eingeführt. Warnemünde wurde Mitte des 12. Jahrhunderts von den Dänen gegründet. Es diente den Königen der Dänen und Slawen als Residenz. Später wurde es mit Befestigungsanlagen versehen. Die „Danske Borg" wurde 1312 errichtet. 1323 erwarb die Hansestadt Rostock Warnemünde und sicherte sich damit den Seezugang für seine Handelsschifffahrt.

Der alte Hafen ist von malerischen Häuserreihen mit prächtigen Giebeln eingefasst. Auch hier brodelt es nur so von Gästen, denn ich komme, wirklich ganz zufällig, pünktlich zum Beginn des Hafenfestes. Die Luft ist geschwängert von herrlichsten kulinarischen Düften. Ich kann den Angeboten an frischen Fischgerichten (ich glaube, ich muss früher mal einer gewesen sein) nicht widerstehen und stelle mich brav hinten an eine der Warteschlangen an. Die heutige Mittagsmalzeit gibt es direkt vom Schiff. Die Leute sind ausgelassen und gut gelaunt, die Wartezeit vertreibt man sich mit allerlei Witzen. Langsam aber sicher schieben sich die Hungrigen Richtung Grillrost. Schließlich bekomme auch ich meinen gegrillten „Außenbordkameraden" mit einer üppigen Portion Bratkartoffeln und Speck. Mit dieser „vielversprechenden Beute" setze ich mich zu einigen Mittagsgästen, die bereits an langen Biertischen Platz genommen hatten. So direkt am Wasser schmeckt es natürlich ganz besonders. Das große, kühle Radler rundet das Mahl ab und hilft, alles gründlich runterzuspülen. An diesem Ort könnte man (mal wieder!) bleiben. Tour zu Ende! Zelt aufbauen, Schwimmen, Rostock erkunden, einfach aufhören!

Aber es gibt noch viel mehr zu sehen und deshalb folge ich dem Trail nach Nordosten. Frisch gestärkt trete ich ordentlich in die Pedale, lasse schon bald „Hohe Düne" hinter mir und leider auch die See, denn der Radweg driftet etwas ab. Weiter landeinwärts erreiche ich nun die schier unendlichen Laubwälder der Rostocker Heide. Sie stellen quasi den „Stadtwald" von Rostock mit beachtlichen 5.600 Hektar dar. Viele markierte Wege zeigen Naturfreunden zu Fuß oder per Rad die abwechslungsreiche Landschaft und die fast unberührten Strände. Es soll hier bis 1.500 Jahre alte Eiben geben. Mit etwas Glück hätte ich wohl auch Stechpalmen, Eisvögel oder Seeadler entdecken können! In *der* Beziehung hatte ich kein Glück! Auch habe ich keine „blauen Frösche" im Großen Moor bei Müritz entdeckt, aber die hatten ihre „Blauphase" ja schon im April beim Werben um die Damen. Darin unterscheiden sich die Damen auch – wer mag schon Männer in diesem Zustand?

Der große Vorteil bei der langen Walddurchfahrt ist natürlich der herrlich kühle Schatten, denn es ist noch heißer geworden und es gab auch keinen Regen, nicht einen Tropfen, seit ich unterwegs bin. Es erinnert mich an Urlaubsaufenthalte im Mittelmeerraum: Schatten! Wie wichtig das dort genommen wird. Die teuersten Plätze in den Stierkampfarenen sind die im Schatten. Leute mit weniger Geld sitzen in der glühend heißen Sonne. Während unserer Stadtbesichtigungen – natürlich zu Fuß - sind wir, wo immer möglich, von einem Schatten in den nächsten geflüchtet. Jetzt freue ich mich hier oben über den kühleren Schatten! In ein bis zwei Wochen wird das kein Thema mehr sein, dann werden die Westwinde wieder dicke Regenwolken vor sich hertreiben, dann ist Schatten nicht mehr gefragt und die Affenhitze längst vergessen.

Hinter Neuhaus und am Dierhagener Strand fange ich wieder an, laufend „Wasserproben" zu nehmen, hoffentlich wachsen mir keine Flossen hier in Fischland!

Leider sind die Wege jetzt mit Betonplatten – und zwar quer zur Fahrtrichtung - ausgelegt. Erstens gibt es fürchterliche Stöße von Platte zu Platte und zu allem Überfluss befinden sich in jeder Platte immer zwei Vertiefungen mit Kran-Ösen darin. Ausweichen oder ganz umkurven haut oft nicht hin. Die Rüttelpiste ist an die acht Kilometer lang. Zwei, dreimal habe ich mich zu früh gefreut und geglaubt, der Volksarmee waren die Platten ausgegangen aber nach einigen Hundert Metern Platten-Pause ging die Polterei wieder los. Ich probiere verschiedene „Stellungen": Wiegetritt ist unbequem, weil ich mit Rücksicht aufs Material viel zu langsam fahre, vor jeder Fuge Aufstehen geht fürchterlich in die Oberschenkel, nur den Hintern zu entlasten hilft auch nicht wirklich. Also leiden und auch ein bisschen fluchen, aber leise, ich bin schließlich nur Gast im Wald und will mich auch wie ein solcher benehmen.

Nach langer Material- und Hinterntortour komme ich in Prerow an. Ich fahre durch den gesamten Ort und finde einen riesigen Campingplatz im Nordwesten an der Küste. Ich vergeude viel Zeit auf diesem schier unendlich großen Platz, der gespickt ist mit Verbotsschildern aber gleichzeitig so armselig ausgeschildert ist, dass ich Probleme habe, die Rezeption zu finden. Am Schlagbaum wies zwar ein großes Schild auf einen Parkplatz hin aber aus unerklärlichen Gründen hat mich das nicht „angesprochen". Eventuell hatte ich unterwegs ja auch einen Betonplattenstoß zu viel erlitten und leichte Konzentrationsdefizite?

Also gondele ich durch das weitläufige Gelände, verschaffe mir einen Eindruck eines Sanitärgebäudes (was im Zweifelsfall immer eine Entscheidungshilfe für mich ist) und fahre etwa einen Kilometer auf der erbärmlichen „Zeltplatz-Betonplatten-mit-tiefen-Fugen-Hauptstraße" wieder zurück zu dem Schild „Parkplatz". Da finde ich die Rezeption, und die hat den Charme eines alten, verstaubten Finanzamtes: „Bitte einzeln eintreten" steht auf einer Glastür und „Türe schließen". Das habe ich noch nie erlebt! Endlich an der Reihe, sagt die Angestellte: „Eine Person und ein Zelt, das macht 18 €!"

Ich war überrascht, und da mir dieser Platz überhaupt nicht zusagt, fällt es mir leicht zu entgegnen:

„Unter diesen Umständen muss ich leider auf Ihre gepflegte Gastfreundschaft verzichten. Ich bitte Sie deshalb, mir einen anderen Campingplatz zu empfehlen".

Sie ist stinksauer! Eine Kröte schlucken zu müssen, kostet wohl mindestens solch eine Überwindung, wie mir jetzt einen weiteren Platz in Prerow zu nennen. Aber sie brachte es über sich.

Mit dieser Information sensibilisiert fällt mir bei meiner Fahrt zurück in Richtung Ortsmitte ein kleines Schildchen auf der linken Straßenseite auf, das auf Meißner's Sonnen-Camp hinweist. Der viel kleinere, familiär wirkende Platz liegt in einem schattigen Kiefernwäldchen, verfügt über ein nagelneues Sanitärgebäude und einen großzügigen, überdachten Platz mit Fernsehgerät (Fußball WM!). Es gibt einen Hightech-Zugangsschlüssel mit einprogrammiertem Zeiteinheiten-Guthaben fürs Duschen und die Waschmaschinen- und Wäschetrocknernutzung.

Weil in der Rezeption gerade andere Gäste mit langwierigen Anmeldeformalitäten beschäftigt sind, wird mir augenzwinkernd und mit einem Kopfnicken erlaubt, schon mal einen Platz zu suchen. Ich finde ein sehr schönes Eckchen und zögere nicht, sofort alles aufzubauen. Dabei nutze ich einen hohen, stabilen kunststoffummantelten Metallzaun gleichsam als „Wäscheleine" als auch zum Befestigen des Sonnensegels. Perfekt! „Zufällig" befindet sich nur 10m entfernt die wichtigste aller Pforten, nämlich die für den direkten Zugang zum herrlichen, gepflegten Sandstrand in nur etwa 50m Entfernung. So, jetzt muss ich noch eben die Formalitäten erledigen.

Die Dame in der Rezeption ist die Chefin selbst. Sie entpuppt sich als äußerst sympathisches, lebensfrohes Wesen. Komisch, wir fangen sofort an, herumzualbern, als ob wir schon lange gute Bekannte wären. Ich foppe sie wegen der langen, förmlichen Aufnahmeprozedur bei den anderen Gästen vorhin. Sie hakt sofort nach und fragt, wie es denn schneller ginge?

Ich schlage ihr vor: „Zum Beispiel einen Zettel mit Vor- und Nachnamen, Abreisedatum und fertig!"

„Zack", liegt genau dieser Zettel auf dem Tisch!

„Haben Sie am Ende vielleicht auch noch `n kühles Fläschchen Bier im Haus um Staub und Hitze vergessen zu machen?"

„Klar"

Sie holt eine 0,5-Liter-Flasche Köstritzer aus einem Kühlregal und fragt:

„Haben Sie etwa auch noch Hunger?"

„Hab ich tatsächlich!"

Sie verschwindet kurz und kommt mit Brot und Knackwürsten aus ihrer privaten Küche zurück und nimmt nur einen einzigen Euro für das Bier.

Sie erzählt, dass sie früher auf dem großen Campingplatz angestellt war, aber aufgrund des Betriebsklimas kündigte und hier ihren eigenen Platz aufbaute. Im Moment hätte sie allerdings etwas Stress, weil ihr Platzwart in Ribnitz-Damgarten im Krankenhaus liegt. Da noch weitere Gäste eintreffen, verziehe ich mich zum „Äsen" in mein Feldlager. Ich komme mit einem anderen Solo-Fahrradwanderer ins Gespräch und während unserer kleinen Fachsimpelei kann er sich die Frage nicht verkneifen, woher ich denn zu dieser Zeit noch etwas zu essen aufgetrieben hätte. Ich petze und die „Chefin" gibt ihm auch noch eine „Brotzeit" aus ihrer Küche. Der Mann ist happy und revanchiert sich mit einem weiteren Köstritzer. So essen wir gemeinsam und tauschen allerlei nützliche Informationen über unsere besondere Art des Reisens aus.

Ich beschließe den Abend mit einem kurzen Bad in der warmen See und lasse die ruhige Stimmung am Strand noch einige Minuten auf mich einwirken, bevor ich „in die Heia" gehe. Es war mal wieder ein recht fordernder Tag mit vielen Kilometern und anstrengenden Streckenabschnitten.

Eigentlich ist es schon fast verdächtig, dass ich körperlich in so guter Verfassung bin und keinerlei Beschwerden habe!

07.7. Prerow – Prerow

Es ist 03:15 Uhr: Ich wache auf mit fürchterlichsten Schmerzen in der Nierengegend. Ich krümme und wälze mich im Zelt hin und her. Ich versuche, den Bauch zu entspannen, es hilft alles nichts. Mir wird schlecht vor Schmerzen. Ich habe auch das Gefühl, ich müsse auf die Toilette oder mich übergeben oder beides. Ich krieche von wilden Schmerzen gepeinigt aus dem Zelt. Bis zur Toilette sind es wohl 100 Meter durch losen Sand zu gehen aber die kommen mir jetzt vor wie eine Ewigkeit. Endlich sitze ich auf der Schüssel, da wird mir schwarz vor Augen, der kalte Schweiß läuft mir überall herunter, ich sehe kleine Sternchen funkeln und mich schon auf den Fliesenboden klatschen. Ich versuche, durchzuatmen und wieder ruhiger zu werden. Irgendwie geht's jetzt ein klein wenig besser. Ich wanke zum Zelt zurück und versuche dort so etwas wie eine Schonhaltung einzunehmen aber die Schmerzen bleiben. Nach etwa einer Stunde geht es wieder richtig los. Ich habe das Gefühl, von einem Raubtier mit kräftigsten Kiefern regelrecht den Unterleib zerquetscht zu bekommen, es scheint mich hin und her zu schütteln. Ich bekomme jetzt langsam etwas Panik. Ich habe nie solche Schmerzen gehabt und absolut keine Ahnung, ob ich das überleben werde. Hatte dies etwas mit dem gestrigen Abendessen zu tun?

Ich schaffe es irgendwie, meine Wertsachen in die Lenkertasche zu stopfen und mich Richtung Platzwart zu schleppen. Dort treffe ich dessen Frau an, die gerade anfängt, die Toiletten zu reinigen. Sie erschrickt, als sie mich sieht.

„Ärztliche Bereitschaft können Sie vergessen, rufen Sie gleich 112"!

Sie gab mir die Adresse des Zeltplatzes und bot mir einen Campingstuhl an.

Der Rettungswagen ist relativ schnell da, die Sanitäter versorgen und verfrachten mich fachmännisch. Das Ziel ist Ribnitz-Damgarten. Noch während der Fahrt klingen meine Schmerzen ab. Als wir nach langer Fahrt die Notaufnahme im Krankenhaus erreichen, geht es mir bereits wieder gut. Die erste Ultraschalluntersuchung gibt keine Erkenntnisse. Gegen meinen Protest werde ich stationär aufgenommen mit der einfachen Begründung: „Sie sind mit dem Rettungswagen gekommen, also werden wir Sie stationär aufnehmen!"

Ich sitze wie ein Fremdkörper etwa zwei Stunden lang auf dem Stuhl in meinem Einzelzimmer, bis ich erneut per Ultraschall untersucht werde, dieses Mal von der Oberärztin, die darauf spezialisiert ist. Sie stellt auch nichts fest! Sie rät mir, Termine zu Vorsorgeuntersuchungen zu vereinbaren und schlägt aufgrund meiner anstrengenden Reise vor, mich im Krankenhaus auszuruhen, ausgiebig zu duschen und die Fußball-WM Übertragung anzuschauen. Das mit dem Duschen stimmt mich nachdenklich, und da ich absolut nichts Sauberes zum Anziehen dabei habe, beschließe ich, mir ein Taxi zu rufen und zurück nach Prerow zu fahren. Ein Ehepaar aus Oldenburg wird zufällig Zeuge dieses Telefonats und bietet mir prompt an, mich mitzunehmen. Unterwegs erzählen sie, dass ihre Tochter vor zwei Tagen per Krankenwagen nach Ribnitz-Damgarten gebracht wurde. Der Grund: schwerste Bauchschmerzen. Es wurde nichts festgestellt außer eventuell ein paar Blähungen.

Auf dem Zeltplatz angekommen wasche ich erst einmal meine komplette Schmutzwäsche, und zwar per Hand im Waschbecken. Dann hänge ich alles in die Sonne. Ich stelle auch fest, dass ich heute Morgen im Zelt meine Lesebrille zerdrückt haben musste. Also, morgen in Barth werde ich einen Optiker bemühen müssen, das Brillengestell wieder zusammenzulöten.

Jetzt spricht mich die Frau vom Platzwart an: Sie hatte ihren Mann im Krankenhaus besucht und wollte sich auch nach meinem Befinden erkundigen. Sie hätte mich auch mit zurückgebracht, aber ich war ja schon weg! Ich war sehr beeindruckt von soviel Hilfsbereitschaft und Fürsorge! Dieser Menschenschlag liegt mir!

Einen Moment später fragen meine Zeltnachbarn nach meinem Befinden, sie wussten genau Bescheid! Natürlich wurden sie durch die Platzwartin informiert und hatten sogar bereitwillig die Aufgabe übernommen, auf meine Ausrüstung aufzupassen. Ich war platt! Warum habe ich mir überhaupt Sorgen gemacht?

Es wird Zeit für die Fußballübertragung. Doch, herrje, meine Wäsche ist genaugenommen noch klatschnass. Also stopfe ich alles in den Zeltplatzwäschetrockner, stelle „60 Grad" ein und fahre in den Ort um Deutschland gegen Spanien auf einer Großleinwand zu erleben. Ich genehmige mir dort zwei Bratwürste und ein Bier. Das Spiel ist grausig, unsere Jungs werden gnadenlos im Mittelfeld festgekleistert und finden leider nicht zu ihren sonst so wirkungsvollen schnellen Vorstößen.

Es wird frisch und ich fahre während der Halbzeitpause wieder zurück zum Zeltplatz, zieh' mir etwas über und ertrage dort tapfer den Ausgang des Spieles.

Meine Wäsche ist immer noch nass. Ich opfere mein letztes Guthaben auf dem Hightech Schlüssel, überlasse meine Klamotten über Nacht der Technik und gehe schlafen.

08.7. Prerow – Stralsund

Die Chefin rechnet nur eine Nacht ab, sie ist wohl der Ansicht, dass ich auch nur eine Nacht genießen konnte und bedauert, dass meine Wäsche immer noch nass ist. Ich packe trotzdem alles ordentlich in die Packtasche rechts.

Schon wieder tut es mir mehr als Leid, diese herrliche Gegend zu verlassen. Auch hier könnte ich sofort Anker werfen und 'ne ganze Weile bleiben.

Aber weiter geht die Fahrt auf dem Darß nach Osten. Der Darß ist einer der edelsten Ostsee Strände und die Seebäder Prerow und Zingst die Sahnehäubchen. Die tipp topp asphaltierten Radwege, natürlich weit entfernt von jeglichen Straßen, sind erstklassig. Das Beste aber sind die Strände: Strände ohne Ende und unzerstörte Natur! Das ist Fischland Darß! Ich wette, dass man nach nur einem einzigen Glas Rotwein den Eindruck bekommt, dass dies auch Madagaskar oder die Seychellen oder vielleicht Mauritius sein könnte! Oder.. ?

An dieser Stelle möchte ich ein paar Informationen zum Strand und zur Boddenlandschaft einfließen lassen: Der Darßwald mit Dünen-, Sumpf- und Heidelandschaften ist ein geschlossenes, siedlungsfreies Gebiet. Am Prerow-Strom, östlich von Prerow, beginnt der Zingst mit einem einzigen gleichnamigen Dorf, zwei Waldgebieten und den Sundischen Wiesen.

Ich weiß jetzt ganz genau, hier muss ich unbedingt noch einmal herkommen, und zwar nur zum Baden und Nichtstun. Jetzt ist mein nächstes Ziel aber erst mal Stralsund und ich fahre gemütlich in Richtung Barth.

Der völlig ebene Radweg bereitet mir großen Spaß. Ich gleite regelrecht dahin, es gibt keine Unebenheiten, keine Bodenwellen, die Ausrüstung und der Anhänger sind praktisch nicht zu spüren.

Hier wurde offensichtlich nicht geknausert und Teile der sprudelnden Einnahmen aus dem Tourismusgeschäft re-investiert in ein vorbildliches und abwechslungsreiches Radwegenetz. Schade, dass ich wegen meines einmal eingeschlagenen Kurses nicht gleich alles ausprobieren kann.

Ich folge erst einmal dem Trail, der sich durch Wiesen und Wälder nach Süden schlängelt. Hier sind recht viele Radfahrer unterwegs, meistens wohl Familien. Ihre Ausrüstung lässt darauf schließen, dass sie Richtung Strand nach Zingst unterwegs sind. Es gibt absolut keine Behinderungen, selbst wenn da eine ganze Gruppe auf mich zukommt. Dem erhöhten „Verkehrsaufkommen" haben die Planer, wie es aussieht, von Anfang an Rechnung getragen und sind großzügig ans Werk gegangen.

Fischland/Darß könnte ich mir ebenfalls für einen längeren Urlaubsaufenthalt vorstellen.

Ich halte kurz an, um etwas zu trinken. Eigentlich trinke ich relativ viel, ich muss sogar schon wieder eine 1,5-Liter-Flasche mit meiner „Supermixtur" (Apfelsaft mit Selterwasser) anmischen. Was mich ein wenig wundert, ich musste bisher noch nicht einmal „aus der Hose"!

„Muss wohl alles aus den Poren verdunstet sein", murmele ich mir in den Bart.

Bevor ich wieder aufsteige, binde ich mir eine Jacke um die Taille, weil ich dort seit geraumer Zeit ein leichtes Ziehen spüre, dabei ist es doch so warm?

In Barth finde ich im Stadtzentrum den Optiker. Er schaut sich die ach so malträtierte Lesebrille an und sagt zu, den Brillenbügel wieder zusammenlöten zu können. Wir einigen uns darauf, dass ich in einer Stunde wiederkommen könne.

Aus dem nervigen Ziehen im Unterleib sind mittlerweile richtige Schmerzen mit zunehmender Intensität geworden. Shit, was ist jetzt wieder los?

Was soll ich machen? Ich fahre zum Marktplatz, um erstmal vom Fahrrad runter zu kommen und mich in einem Straßen-Kaffee etwas entspannter hinzusetzen. Die Schmerzen nehmen zu. Ich fange wieder erbärmlich an zu schwitzen und mir wird auch wieder entsetzlich schlecht. Es wird mir klar, dass es dieselbe Ursache haben musste, wie gestern Morgen. Von wegen, „wir finden nichts!"

Ich frage nach einem Telefonbuch, um einen Arzt anzurufen. Es kommt mir wie eine Ewigkeit vor, bis die Bedienung zurückkommt, um dann endlich mitzuteilen, dass sie keins hat. Darauf frage ich einen Passanten nach einem Arzt. „Gleich am Marktplatz gibt es eine Arztpraxis" und er beschreibt den Weg. Ich nehme das Gespann, und weil ich mich vor Schmerzen nicht mehr auf den Sattel setzen kann, lasse ich mich, auf dem linken Pedal stehend, mehr oder weniger hinrollen. Es kostet mich eine größere Überwindung, das Fahrrad noch auf den Ständer zu wuchten, die Lenkertasche geht glücklicherweise mit einem Klick ab, zum Abschließen habe ich jetzt wirklich keinen Nerv mehr. Jetzt muss ich erst mal die Treppe hoch in die Praxis.

Glücklicherweise ist die Tür unverschlossen, obwohl es Mittagszeit ist.

Ich rufe: „Ist da jemand?"

Und jetzt geht der Tanz erst richtig los, es ist als stecke ich in einem riesigen Schraubstock, der gnadenlos den Unterleib zusammenquetscht, genau wie gestern Morgen.

„Die Ärztin ist weggegangen", höre ich eine Arzthelferin aus dem Nachbarzimmer antworten,

„Sie müssen heute Nachmittag wiederkommen".

„Dann holen Sie sie wieder zurück", hörte ich mich fluchen, „ich habe fürchterliche Schmerzen in der Nierengegend und ich bleibe jetzt hier".

Ich hockte mich auf eine Liege und tat mein Bestes, diese verdammten, schubweise auftretenden Schmerzen irgendwie auszuhalten. Nach einer mir sehr lang vorgekommenen Zeitspanne waren jetzt wohl zwischen 4 bis 6 Personen in dem kleinen Zimmer. Die Ärztin spritzte mir ein schmerzstillendes Mittel, das aber nichts half.

Einen Notarzt hörte ich sagen, „die traut sich nicht, ihm die volle Dröhnung zu geben", was *er* dann wohl tat. Nach einigen weiteren Minuten der Höllenqualen schien das Zeug zu wirken. Ich nehme allmählich wieder mehr von meiner Umgebung wahr. Ich bitte die Arzthelferin, mein Fahrrad und die Ausrüstung irgendwie zu sichern und eventuell in einem Hinterhof abzustellen.

Der Notarzt flucht, weil keine Rettungswagen zur Verfügung standen, offenbar waren die alle im Einsatz wegen der Hitze. Seine Lösung des Problems:

"Wir fordern einen Hubschrauber an". Wenig später werde ich auf der Liege festgeschnallt und mit irgendeinem Krankenwagen zum Hubschrauberlandeplatz gebracht. Jetzt höre ich das Dröhnen der „Luftrettung". Mittlerweile bin ich absolut schmerzfrei und habe das schöne Gefühl, dass mir alles ganz „schnurz-piep-egal" ist. Eine Begleiterin schnallt mich im Hubschrauber an:

„Es könnte ein bisschen ruppig werden erklärt sie".

Ich musste an einen längeren Hubschrauberflug vor fast genau 20 Jahren denken. Von Buxtehude über Brandenburg nach Pasewalk mit der uralten, 1955 gebauten, Alouette 2. Es war ein leichter Mehrzweckhubschrauber, übrigens der erste der Welt, der mit einem Turbinentriebwerk ausgerüstet wurde. Als wir uns einem noch aktiven russischen Flugplatz näherten, bekamen wir über Funk in fürchterlichstem Englisch eine Warnung, dass wir fortan unbedingt nach den Anweisungen des Towers den Flugplatz zu umfliegen hätten. Mindestens einmal konnten der Pilot und ich das Kauderwelsch absolut nicht verstehen, wollte er jetzt, dass wir höher oder weiter nördlich oder …?

Das Bedrohliche daran war, dass wir schon seit einigen Minuten „in Begleitung" waren: Über und hinter uns konnten wir je eine HIND (Russische Kampfhubschrauber) ausmachen, die in beeindruckender Weise mit „guten Argumenten" (Raketen) bestückt waren. Wir hätten dem maximal unsere eher defensive Bewaffnung entgegensetzen können: Pistolen vom Kaliber 9mm!

Es wurden ein paar aufregende Minuten und wir waren sehr erleichtert, als wir unbehelligt den Flugplatz weit hinter uns gelassen hatten. Aufgrund des Flugverhaltens und der tierischen Geräuschentwicklung, besonders bei widrigen Windverhältnissen, nannten wir die gute alte Alouette liebevoll „Teppichklopfer". So viel zum Stichwort ruppiges Fliegen!

Nach einigen Diskussionen entscheidet sich die Hubschrauberbesatzung, nach Stralsund zum HANSE-Klinikum zu fliegen, weil es dort eine Urologie gibt. Schön, da wollte ich ja sowieso hin, ich meine nach Stralsund! Mit dem Fahrrad wären es noch 44 Kilometer gewesen.

Also, Gehörschutz auf und los geht's. Es ist ein sehr sanfter, komfortabler Flug, ich hätte vermutlich sowieso nichts gespürt, zugedröhnt, wie ich bin. Zu dumm, dass ich im Liegen keine Möglichkeit habe, die Aussicht zu genießen oder wenigstens einen kurzen Blick auf Stralsund zu erhaschen.

Die zwei Ultraschalluntersuchungen im Sund Krankenhaus, einmal vom Assistenzarzt und danach noch einmal vom Oberarzt, bringen keine Erkenntnisse, wie auch in Ribnitz Damgarten.

Aber hier ist die geballte Ladung an Fachwissen und fortschrittlicher Technik vorhanden und konsequenterweise wird „eine Stufe raufgeschaltet". Mithilfe der Computertomografie (CT) wird „er" enttarnt: ein Harnleiterstein Kaliber 5 mm (meine unfachmännische Ausdrucksweise).

Der Oberarzt meint ganz locker, dass es sich um ein prävesikales Harnleiterkonkrement mit diskreter Harnstauungsniere handelt. So, jetzt sind alle Unklarheiten beseitigt.

„Wir haben uns für die konservative Therapie entschlossen, wir geben Ihnen Medikamente und Sie helfen tatkräftig mit. Und wenn der Stein nicht bis Samstagmittag auf natürlichem Wege verschwindet, dann hole ich ihn Samstagnachmittag raus!"

Meine Mithilfe bestand darin, hektoliterweise Wasser zu trinken und zu „pieseln, was das Zeug hält". Dabei ist es wichtig, jeweils mittels feiner Siebe zu prüfen, ob „ein spontaner Steinabgang" stattgefunden haben könnte. Des Weiteren muss ich mich viel bewegen, am besten wäre Treppensteigen (nebenbei bemerkt, ist es unangenehm heiß im Krankenhaus und ich habe ja immer noch meine alten, satt durchgeschwitzten Klamotten am Leib).

Also trinke ich tatsächlich pro halbe Stunde eine Flasche edlen Selterwassers leer und düse wie der „Road Runner" im Krankenhaus umher. Es ist Donnerstag, ich bin stark motiviert, dieses Corpus Delicti rechtzeitig per „normalem Abgang" loszuwerden.

Nun habe ich aber doch noch ein paar Dinge zu erledigen. Wo ist meine Ausrüstung? Wie kommt die hierher? Und wenn sie hier wäre, wo kann ich sie dann unterstellen bzw. verschließen? Wie komme ich an meine Lesebrille – oh Mann, ich bin ja „blind"! Und schließlich meine nasse Wäsche! In meiner Vorstellung sehe ich bereits schnell wachsende Mikroorganismen in der wasserdichten Packtasche, gefördert durch die glühend heiße Sonne. Ich muss zwischen dem ständigen „Gepiesel" ernsthaft etwas Logistik betreiben.

Ich spreche mit einigen Schwestern über meine „kleinen Problemchen". Sie nehmen regen Anteil an meiner Geschichte, ich schildere Einzelheiten und sie bieten prompt ihre Hilfe an, die unter anderem darin besteht, sogar meine Wäsche zum Waschen mit nach Hause zu nehmen! Vom Ernst der Lage mal abgesehen, ich genieße diese Gespräche, die nicht nur meine Reise bereichern, sondern paradoxerweise ist es ja genau das, was ich anstrebe: Leute kennenzulernen! Und ich mag diese Menschen hier sehr. Zwei Schwestern verabschiedeten sich ins Wochenende und „drohten": „Wehe Sie sind Montag nicht mehr da!"

Glücklicherweise habe ich neben meinem Handy auch das Akku-Ladeteil in der Lenkertasche. Also, sofort Verbindungsaufnahme mit der „Bodenstation", mit Angelika. Sie hat erst einen gehörigen Schreck bekommen aber, da wir uns seit rund 40 Jahren kennen, vertraut sie mir, wenn ich ihr sage: „Es ist nichts Bedrohliches, um das Du dich sorgen müsstest!"

Ich gebe ihr ein komplettes „Lagebild" und sie recherchiert nicht nur die nötigen Telefonnummern, sondern findet auch heraus, dass meine gesamte Ausrüstung mittlerweile bei der Polizeidienststelle sicher untergestellt ist. Also bittet sie den Optiker, meine Lesebrille zur Polizei zu bringen und regelt die Bezahlung der Reparaturrechnung. Ich spreche mit einem Beamten der Polizeidienststelle, ob eventuell jemand die Ausrüstung nach Stralsund bringen könnte.

„Asservate dürfen wir leider nicht durch die Gegend fahren", ist die klare Ansage. Als „ADAC PLUS Mitglied seit 37 Jahren" versuche ich es nun bei meinem Klub, Abteilung: Unfall, Krankheit.

„Nein, eine Überführung sei vertraglich nicht vorgesehen, bitten Sie doch einfach die Polizei, Ihnen Ihre Sachen zuzuführen!"

„Dürfen die nicht", warf ich ein und ergänzte fachmännisch,

„Asservate dürfen die leider nicht durch die Gegend fahren!"

„Wenn Sie den Transport selber regeln, reichen Sie uns die Rechnung ein zur Prüfung, das ist erstmal alles, was wir anbieten können".

Aufgrund der fortgeschrittenen Stunde ist nun Ruhe angesagt ... und wenn ich nicht gerade piesele, dann trinke ich (Wasser) oder ich schlafe.

Wenn man derart viel trinkt, verspürt man nicht einmal so etwas wie Hunger. Gerade kommt mir meine unheimliche Begegnung mit dem wohl typischen Krankenhaus-Abendessen in den Sinn:

Ich sehe diese sehr verloren aussehenden zwei Scheibchen Graubrot, maximal 4 mm dünn und ganz mutterseelenallein sich auf einem überdimensionierten Teller ängstigen. Ums Haar hätte ich mich nicht getraut, einfach reinzubeißen!

09.7. Stralsund

Es gibt keine neuen Erkenntnisse vom Stein. Ich nehme zwar dreimal täglich etliche Tabletten ein, die den natürlichen Abgang des Steines ermöglichen sollen aber es sind keine Schmerzmittel dabei. Also bin ich schmerzfrei (ich meine, im positiven Sinne!).

Nach einem bescheidenen „sehr übersichtlichen" Frühstück machen wir weiter mit unserer Telefonorgie.

Angelika holt Preisangebote für den Transport ein und gibt mir Telefonnummern durch. Die Stationsschwester hat es geschafft, einen hilfsbereiten Entscheidungsträger der Krankenhausverwaltung auf die Station zu bitten und ich darf ihm mein Problem erklären. Dabei fällt mir auf, dass die Schwester dem guten Mann tief in die Augen schaut, war da eben nicht sogar eine Andeutung von Wimpernklimpern auszumachen? Fast sah es so aus! Kurze Zeit später bekomme ich die Schlüssel für einen sauberen, trockenen Abstellraum im Erdgeschoss. Was wären Krankenhäuser ohne die Routine und die immense Erfahrung der „länger gedienten" Stationsschwestern? Das sind die wirklichen und wahren Stützen der Gesellschaft!

Ich setze mein Biathlon-Programm fort: Trinken und Laufen (im doppelten Sinn) aber mein Optimismus ist ein wenig gedämpft und zu allem Überfluss sehe ich auch einige frisch Operierte. Wer weiß, wie viele Kilometer die vorher erfolglos rumgelaufen sind?

Zur Abholung meiner Ausrüstung treffe ich mich am Freitagnachmittag vor dem Krankenhaus mit einem Taxifahrer und gebe ihm eine Abholvollmacht zur Übernahme der „Asservate" von der Polizeidienststelle.

Als er zwei Stunden später mein Hab und Gut vorm Krankenhaus auslädt, sagt er: „Stellen Sie sich vor, ein Polizist hatte Ihre feuchten Wäschestücke aus der Packtasche geholt, zum Trocknen aufgehängt, anschließend akkurat zusammengelegt und wieder eingepackt".

Ich war wie vom Donner gerührt.

Der Taxifahrer stellt mir noch eine ausführliche Quittung aus, die ich für den ADAC benötige, und verabschiedet sich.

Ich schiebe das Gespann in den Abstellraum, wo ich mich – endlich - erst einmal umziehe, dabei stelle ich fest, dass sogar meine weißen Söckchen jeweils zu zweit zusammengerollt und im sauberen Wäschebeutel verpackt waren.

Die Polizei, mein Freund und Helfer!

Endlich raus aus den alten Klamotten! Und meine Turnschuhe lass ich auch gleich beim Fahrrad. Ich finde meine Lesebrille, instand gesetzt und in einer neuen Schutzhülle, ich kann wieder lesen! Ich bin überglücklich.

Jetzt muss ich „nur noch den Stein bearbeiten" dann könnte die Tour weitergehen.

Meinem Bettnachbarn wurde eben gerade ein Nierenstein operativ entfernt. Jetzt hat er einen überdimensionalen, durchsichtigen Plastiksack umgeschnallt, indem sich blutiger Urin angesammelt hatte und zusätzlich noch einen Gummischlauch in die Harnröhre „eingebaut", der dort ein bis zwei Wochen verbleiben muss.

„DAS WILL ICH ÜBERHAUPT NICHT!"

Also setze ich meine Bewegungstherapie fort, jetzt erst recht! Ich werde das Gefühl nicht los, dass mich aufgrund meiner pausenlosen Rumrennerei bereits viele hier im Krankenhaus kennen. Was ich nicht ganz so unterhaltsam finde, sind die quietschen Geräusche, die meine Kajakschuhe auf den blitzblanken Fluren und Treppen verursachen. Aber was soll's, luftig sind sie wenigstens.

Auch gehe ich tatsächlich alle halbe Stunde aufs Örtchen. Immer kontrolliere ich das Sieb, nur nicht den Stein übersehen!

Pieseln, pieseln, pieseln! Ich hätte nie gedacht, wie wichtig das im Leben sein kann. Ich erinnere mich an unsere Kinderzeit, die wir im Harz verlebt hatten, da haben wir uns einen Jux daraus gemacht, von den höchsten Klippen möglichst weit hinunterzupieseln. Aber auch ein viel aktuelleres „Piesel-Erlebnis" kommt mir in den Sinn: Es war während des SFOR-Einsatzes im stark verminten Bosnien-Herzegowina, als ich mit einem Major der „Königlich Niederländischen Armee" unterwegs auf einsamsten Gebirgsstraßen war und wir dringend „aus der Hose mussten". Da wir durch spezielles „Mine Awareness Training" unter Anderem eingebläut bekamen, niemals feste Wege und Straßen zu verlassen, stiegen wir also aus unserem Pajero und begannen, uns seelenruhig mitten auf der Straße zu erleichterten. Plötzlich vernahmen wir ein schnell anschwellendes Gedröhne, und ehe wir auch nur annähernd unser Geschäft beendet hatten, kam eine „königlich" niederländische Panzerkolonne um die Kurve direkt auf uns zu!

Der Kommandant stoppte notgedrungenerweise die tonnenschweren Leoparden und gab uns, begleitet von Gelächter und anfeuernden Zurufen Zeit, zu Ende zu pieseln.

Auf dem Krankenhaus Lokus gibt es derzeit allerdings überhaupt nichts zu lachen und am Abend bekomme ich trotz meiner rekordverdächtigen „Krankenhaus-Flur-und-Treppen-Kilometer" die „Rote Karte" auf meinen Nachtschrank gestellt:

„Der Patient bleibt nüchtern", steht darauf geschrieben.

Jetzt wird's ernst! Auf den Schreck gehe ich erst einmal pieseln.

10.7. Stralsund - Freest

Es ist Samstagmorgen, Gott sei gedankt, ich vergesse bei all den Problemen nicht, Angelika anzurufen, um ihr zu ihrem Geburtstag zu gratulieren.

Der Oberarzt kommt und nach einer Ultraschalluntersuchung sieht er keinen Stein und es gibt auch keinen Nierenstau mehr.

„Ich werde Ihre Entlassungspapiere vorbereiten", teilte er mir mit und ist genauso erleichtert wie ich. Auch er hat von meiner Tour gehört und ist froh, mir die Operation „nicht antun zu müssen".

Ich gebe ihm dann aber doch zu bedenken, dass bislang keine der vier vorangegangenen Ultraschalluntersuchungen einen Stein sichtbar gemacht hatte. Und außerdem wollte ich, solange ich mit dem Rad unterwegs bin, nicht noch einmal in eine solch erbärmliche Situation kommen. Er stimmt zu und veranlasst eine weitere CT, die - den Stein erneut zum Vorschein bringt! Aber er hat immerhin seine Lage etwas verändert.

Der Oberarzt rät mir darauf, einen ausgedehnten Spaziergang zu machen, weiterhin darf ich nichts essen, aber ich solle ruhig trinken.

Ich nehme einige Siebe und Wasser im Rucksack mit und laufe in der sengenden Hitze über eine Stunde am Ufer des Sundes entlang. Ohne Erfolg!

Zurück in der Urologie treffe ich den Doktor, der mir daraufhin eröffnet, mich nun doch, und zwar in einer Stunde, operieren zu wollen. Jetzt finde auch ich mich damit ab und denke, dass damit wenigstens die Dauer des unfreiwilligen Krankenhausaufenthaltes kalkulierbar wird. Jemand überreicht mir dieses etwas frivol ausgeschnittene, für mich bedrohliche „jetzt-wird-nicht-mehr-lange-gefackelt-Krankenhaus-OP-Hemd."

„Ich gehe eben nur noch 'mal pieseln", entschuldige ich mich und während des Wasserlassens fühle ich plötzlich und völlig unerwartet sehr deutlich, wie sich ein größerer Fremdkörper seinen Weg durch die Harnröhre nach unten bahnt und mit einem satten „PLOPP", im Sieb landet. Solch einen Stein hätte man niemals „versehentlich" ins Klo befördern können.

Krankenhausinsassen im Umkreis von 20 bis 30 m werden Zeuge eines freudigen Urschreies aus der Herrentoilette. Triumphierend und in Sieger-pose übergebe ich der Abteilungsschwester meine Trophäe. Sie lässt sofort den Oberarzt holen.

Was mich dabei rührt, alle freuen sich mindestens so wie ich! Sie gratulie-ren mir zu dem glücklichen Ende und teilen meine grenzenlose Erleichterung darüber, dass eine Operation nun nicht mehr nötig ist. Aber selbst für diesen, sehr unwahrscheinlichen positiven Ausgang hatten sie tatsächlich meine Mit-tagsmahlzeit „auf Verdacht" warmgehalten und ich kann endlich meinen Heißhunger stillen. Ich denke, wenn man das Glück hat, von einem so rei-bungslos funktionierenden Team, wie in dieser Abteilung, betreut zu werden, dann braucht man sich vor nichts zu fürchten!

Nach Abwicklung der Formalitäten, und das ging äußerst zügig, verab-schieden wir uns, dabei erwähnt der Oberarzt einige seiner früheren interna-tionalen Radtouren und ich bin überzeugt, er hätte am liebsten seinen weißen Kittel an den nächsten Haken gehängt und wäre gleich mitgefahren.

Die Anwesenden wünschen mir eine schöne, erlebnisreiche Urlaubsreise ohne weitere Klinikaufenthalte. Ich bedanke mich artig und bitte darum, die „Montagsschwestern" nett zu grüßen und mich für meine Abwesenheit zu entschuldigen.

Mit Halbmastbeflaggung nach Down-Town Stralsund

Ich packe meine sieben Sachen und fahre an der mir ja schon teilweise bekannten Sundküste nach Süden, um mir Stralsund „Downtown" anzuschau-
en. Ich weiß gar nicht, warum ich auf dem Foto oben Halbmast geflaggt hatte.
War bestimmt ein Versehen, denn ich habe wirklich allen Grund zur Höchst-
stimmung und kann meinen „Super-Dusel" immer noch kaum begreifen. Die
beiden unfreiwilligen Reiseunterbrechungen und die Eindrücke der letzten
drei Tage spuken mir noch viele Male durch den Kopf. Der hiesige Menschenschlag hat mich dabei nachhaltig beeindruckt und gibt dieser Reise eine
sehr starke Würze.

Stralsund hat eigentlich zwei Gesichter: Als ich mir zunächst den Hafen
anschaue und dann wohl aus der „falschen" Richtung nämlich von Osten her
in die Innenstadt hineinfahre, sehe ich viele stark heruntergekommene Gebäude, eigentlich eine ziemlich trostlos wirkende Gegend. Aber dann versöh-

nen mich schnell die ersten schick restaurierten Gebäude und neu gepflasterten Gässchen und Straßen. Schließlich nähere ich mich dem Alten Mark mit dem überaus prunkvollen Rathaus. Auch die eleganten Hausfassaden reihum geben dem Marktplatz eine extravagante Note. Ich setze mich erstmal in das Straßen-Café mit der besten Aussicht und fange an, ein paar Ansichtskarten zu schreiben. Eigenartigerweise ist es bedenklich leer auf diesem zentralen Platz. Außer zwei Touristengruppen aus England ist hier kaum jemand zu sehen.

Ich frage den Kellner: „Warum sind hier so wenig Menschen an diesem Samstagnachmittag"?

„Die sind bei der fürchterlichen Hitze sicher alle am Darßer Strand in der kühlen See".

Das kann ich sehr gut nachvollziehen.

Das Stralsunder Rathaus am Alten Markt zählt zu den schönsten Bauten der norddeutschen Backsteingotik. Schon erstmals 1270 findet man in den ältesten noch erhaltenen Quellen Hinweise auf ein Rathaus. Somit gehört es zu den frühesten, noch erhaltenen Gebäuden der Stadt. Es besteht aus einer geschlossenen, sogenannten Vierflügelanlage. Zwei parallele lang gestreckte Laubenhallen befinden sich im Erdgeschoss, sodass ich das Gespann bequem, den kühlen Schatten ausnutzend, hindurchschieben kann (siehe Foto unten). Das Rathaus war auch Ort der Rechtsprechung und Versammlungsort. Die unteren Räume wurden von Kaufleuten als „Kophus", als Kauf- und Schauhaus genutzt. So befanden sich 40 kleine Läden und einige Lagerräume im Erdgeschoss. Im 14. Jh. entstand die Nordfassade am Alten Markt, die nach Vorbild des Lübecker Rathauses, jedoch noch prunkvoller gestaltet wurde. Das Gebäude präsentiert sich eindrucksvoll zum Alten Markt.

Hier vorn rechts schreibe ich Ansichtskarten (gleich)

Der Giebel ist gegliedert durch sieben Pfeilervorlagen, die in Spitzhauben enden. In den Feldern zwischen den Pfeilern befinden sich je zwei hohe Rundbogen Blenden. Über den großen Fenstern des Saales an der Marktfront deuten

Wappen der Hansestädte Wismar, Lübeck, Hamburg, Greifswald, Stralsund und Rostock auf alte Seehandelsbeziehungen hin. Von 2001 bis 2004 wurde das Rathaus aufwendig saniert und nach modernsten Maßstäben unter Berücksichtigung der Auflagen des Denkmalschutzes rekonstruiert und dennoch den heutigen Ansprüchen an ein öffentliches Gebäude mit einem Teil des Verwaltungsapparates der Stadt angepasst. Das Rathaus symbolisiert die steinerne Verkörperung der gesamten Stadtgeschichte Stralsunds und ist das weit hin bekannte Wahrzeichen der Stadt. Hier sind einige Eckdaten zur Stralsunder Historie:

1234   Stralsund erhält das lübische Stadtrecht.
1293   wird ein Schutzbündnis mit Lübeck, Wismar, Rostock und Greifswald geschlossen, Anfänge der Hanse sind zu beobachten.
1370   siegt die Hanse über die dänische Vorherrschaft, der "Frieden zu Stralsund" wird am 24. Mai zwischen dem dänischen König Waldemar IV. und dem Bündnis der Hanse geschlossen.
1628   belagert das kaiserliche Heer unter Wallenstein erfolglos die Hansestadt.
1648   wird Stralsund vertraglich dem Königreich Schweden zugesprochen.
1815   Die Schwedenzeit endet, Stralsund kommt mit Vorpommern zu Preußen.
1848   Bürgerlich-demokratische Revolution.
1936   der Rügendamm wird fertiggestellt.
1944   Große Teile der Altstadt werden bei Luftangriffen zerstört.
1990   Erstmals nach der Wende wird frei gewählt.
2002   Die Stralsunder und Wismarer Altstädte werden UNESCO Weltkulturerbe mit dem Namen "Historische Altstädte Stralsund und Wismar".

Nach soviel Kultur und Geschichte werde ich genau das tun, was viele Stralsunder angeblich gerade genießen: Ich fahre an die See. Allerdings muss ich mir das noch mühsam erarbeiten. Zunächst verlasse ich das Zentrum in südöstlicher Richtung. Es folgen nun einmal mehr die typischen (und wenig attraktiven) Vorstadtbereiche. Die Sonne knallt vom Himmel, das Thermometer an einem Werbeschild zeigt 37 Grad an, als ich eine Baustelle passiere, klebt der Asphalt an den Rädern fest, Rollsplitt klemmt sich zwischen Schutzblech und Reifen, als wolle er mich am Weiterfahren hindern. Meinem Fahrrad werden nie da gewesene Pfeifgeräusche entlockt.

Da ich vor Beginn dieser Tour immer mit einem Besuch der größten deutschen Insel geliebäugelt hatte, wäre es langsam an der Zeit, mich vom Festland zu verabschieden. Aber ich kenne mich gut genug! Wenn ich jetzt nach Rügen „abbiege" werde ich ganz sicher nicht mehr nach Usedom kommen. Also ignoriere ich sämtliche Hinweisschilder Richtung Rügen, und als ich schließlich in Höhe der neuen Rügenbrücke an einem schier endlosen Kraftfahrzeugstau entlangfahre – die drängeln sich alle auf die Insel – fällt mir meine Entscheidung gleich leichter. Ich empfinde die zusätzliche Hitze, die durch die laufenden Motoren und eingeschalteten Klimaanlagen der Autos und Reisebusse direkt neben mir produziert wird, wie einen heißen Saharawind.

„Hoffentlich friert niemand in den Autos", denke ich. Vielleicht gruseln sich die da drinnen ja auch beim Anblick eines schwitzenden, auf ansteigender Straße gegen Ostwind ankämpfenden Fahrrad-Opas, der auch zu allem Überfluss noch viel zu viel Gepäck mitschleppt. Ich könnte wetten, dass nicht ein Einziger von denen mit mir tauschen wollte.

Auf meiner Karte ist der Radweg Richtung Greifswald direkt neben der Bundesstraße eingezeichnet. Hoffentlich gibt es dort einen separaten schattigen Radweg.

Zunächst muss ich weiter an dieser viel befahrenen Straße bleiben aber schließlich zweigt der Küstenradweg links ab auf eine verkehrsarme Parallelstraße, eine elende „schöne alte buckelige" Kopfsteinpflasterpiste, die zwar immer wieder Schatten bietet aber mir fast die Seele aus dem Leib, oder wo immer die sich befindet, rüttelt. Jetzt zahlen sich meine Bemühungen aus, meine Utensilien immer so zu verpacken, dass nichts klappern kann. Ich hasse klappernde Schutzbleche, quietschende Fahrradsättel und hässliche Schaltgeräusche. Dummerweise könnte meine Klingel ein bisschen lauter sein, es gibt Passanten, die entweder durch ihren Kopfhörer mit 100 Dezibel-Musik-Leistung taub für die Umwelt geworden sind oder ältere Herrschaften, die aus anderen Gründen unter einem schweren „HÄ?-Schaden" leiden. Beide haben eines gemeinsam: Wenn ich dann mit meinem leisen, völlig entklapperten Bike an ihnen vorbei surre, wie der Fliegende Holländer, bekommen sie in der Regel einen fürchterlichen Schreck. Ein junger Bursche wäre ums Haar in den Brennnesseln gelandet.

In der Grundausbildung beim Bund (1970) war Geräuschtarnung auch ein angesagtes Thema. Ein besonderer vaux pas wäre z. B. das Klappern einer Alu-Trinkflasche während eines Nachtmarsches. Unser damaliger Ausbilder hätte mit seiner sich ständig überschlagender Stimme gequietscht:: "Panzerschütze Marx, stell `n Sie das Geklapper ab sonst reiß ich Ihnen gleich höchstpersönlich den Arsch auf!" Das war zwar nicht sehr sachlich und ein paar Jahre später hätte ihm das sicherlich eine Klage wegen schweren Verstoßes gegen die Menschenwürde eingebracht und wäre samt seiner Vorgesetzten, mindestens über drei Ebenen nach oben, aus dem Dienstverhältnis entfernt worden aber die Botschaft kam an, und wie man lesen kann, beherzige ich die damaligen Erkenntnisse nach so vielen Jahren noch heute!

Zu allem Überfluss bläst mir der Ostwind immer stärker ins Gesicht und ich spüre – natürlich auch aufgrund des stattlichen Gesamtgewichtes die kleinste Steigung auf dieser gehassten Kopfstein Route. Das nimmt schon ein bisschen den Angriffsschwung! Gut, dass ich auf meinem Tacho nur noch „das Testbild" sehe! Die anstrengende Mehrarbeit lässt sich langsam aber sicher auch in den Oberschenkeln spüren!

Das alte sehr schön hergerichtete Greifswalder Stadtzentrum stimmt mich wieder versöhnlich und belohnt mich mit seiner ganzen Pracht. Die aufwendigen Bauwerke mit ihren vielfältigen Verzierungen zeugen vom alten Reichtum der Hanse. Die Häuserzeilen um den Marktplatz herum, mit ihren treppenförmigen Giebeln haben ein ganz besonderes Flair. Dumm, dass einst einige sehr negative Ereignisse mit Rechtsradikalen der Stadt einen Dünkel verpasst haben!

Ab dem Wiecker Segelhafen am Ortsrand von Greifswald verläuft der Küstenweg direkt am Ryck Richtung Dänische Wiek auf einem harten, ebenen Splitweg. So lässt sich das Fahrradfahren wieder genießen. Viele schicke Jachten kommen mir entgegen. Sie kehren zurück von ihren Tagesausflügen. Ist es denn schon so spät? Aber nein, heute Abend regiert wieder König Fußball und da will man sicher pünktlich zu Hause sein. So ganz allmählich sollte ich mich auch nach einem Plätzchen umschauen! Ich fahre über Kemnitz, ignoriere den Zeltplatz in Loissin, weil der abseits meiner Fahrtrichtung liegt, stelle fest, dass es in Lubmin gar keinen Campingplatz gibt, dafür aber den riesigen potthässlichen Kernkraftwerkkomplex Greifswald im Osten von Lubmin. Diese Errungenschaft Honeckers wird seit rund 20 Jahren zurückgebaut! Ich hoffe nur, dass die Kosten hierfür nicht nur der Steuerzahler zu tragen hat.

Am Ortseingang von Freest steht endlich das Hinweisschild auf den Zeltplatz. Ich biege auf der abschüssigen Straße entschlossen ab und fahre direkt
auf das Gelände. Ich finde nicht gleich so etwas wie eine Rezeption aber treffe
mehr zufällig direkt auf das Verwalterehepaar. Bevor ich mit den üblichen Be-
grüßungsfloskeln beginne, ruft mir der Verwalter zu: „Sie haben wohl die Zeit
verschlafen? Kommen Sie schnell hier herüber!" Natürlich war das Spiel gegen
Uruguay schon im Gange. Er zeigt mir hastig einige Radwandererhütten und
schlägt vor, statt erst das Zelt aufzubauen, direkt dort einzuziehen. Mir sind die
Hütten allerdings viel zu heiß und die ersten, vermutlich sehr ausgehungerten
Mücken schwirren schon darin herum. Ich ziehe es vor, in Windeseile, und dieses Mal ausnahmsweise nur das Zelt, aufzubauen, Schlafsack, Inlett und Kopfkissen – wie immer - in die letzten Sonnenstrahlen zu hängen.

Die Beiden heißen Peter und Eva. Eva bietet mir an, mich (kulinarisch) verwöhnen zu können. Sie hätte zwar nichts Besonderes aber ein paar Würstchen
mit Brot und vielleicht ein schönes kühles Köstritzer könnten gut zu mir passen.
Ich bestelle drei Würstchen mit Brot und Bier und nutze die zehn Minuten, die
sie zur Zubereitung benötigt, schnell zum Duschen.

Nicht nur ich wundere mich über meinen animalischen Heißhunger, oder
sollte ich es passender eine mittlere Fressattacke nennen? Ich verdrücke drei
ausgewachsene Schinkenkrakauer! (Ich war irgendwie in dem Irrglauben, sie
hätte von Bifis gesprochen!) Auch ein ansehnlicher „Stapel" dicker Brotschei-
ben und eineinhalb Liter dunkles Köstritzer fanden während des skrupellosen
Gemetzels ihr jähes Ende.
Zu meiner Ehrenrettung: Ich denke, das war sicherlich purer Nachholbedarf
nach der sehr „ausgewogenen" Krankenhauskost. Jetzt bin ich jedenfalls gesät-
tigt und der Spielstand ist „drei zu zwei" für Deutschland.

Wir unterhalten uns noch lange in dieser lauen Sommernacht über die jetzi-
gen und die ehemaligen Zustände in OVP (Ostvorpommern). Auf die Frage, zu
welchem der tollen Ostseestränden die beiden am liebsten fahren, erklärt Eva:
„Wir kommen hier eigentlich gar nicht weg aber im Urlaub fahren wir in die
Berge, nach Tirol!"

11.7. Freest - Swinemünde

Heute Morgen geht's mir trotz der relativ kurzen Nacht gut, ich hab auch kein Köstritzer „im Kopf". Wie üblich, zieh ich noch im Liegen als erste organisatorische Maßnahme den Stöpsel aus der Luftmatratze, so „arbeitet" mein ansonsten noch ruhender 80 Kilo Körper bereits schwer daran, möglichst viel Luft aus der Selben zu pressen!

Heute bleibt meine bescheidene Müsli-Campingküche geschlossen. Wie gestern Nacht in Bierlaune verabredet, bereitet Eva ein ausgiebiges Frühstück und Peter deckt bereits einen Tisch für zwei Personen, wie ich beim Zeltabbau aus kürzester Distanz unschwer erkennen kann. Also, entweder hat er mich, sich oder seine Frau vergessen. Nachdem ich meine „Sieben Sachen" sorgfältig verpackt und eine Morgendusche genossen hatte, bin ich fertig für ein stilvolles, kräftigendes Frühstück. Peter erklärt die Sitzordnung und bemerkt, dass noch eine junge Frau zum „gemeinsamen Frühstück" kommt.

Ich fange schon mal an mit dem Saft und schließlich stößt auch „meine Tischgesellschaft" dazu. Sie ist auch Einzelreisende, was ausgiebigen Gesprächsstoff während des üppigen Mahls sichert. Leider sind die Reiserouten nicht kongruent!

Gut erholt und mit „aufgeladenen Akkus" lass ich mich zum Hafen hinunterrollen.

Bis zur Abfahrt der Fähre ist sogar noch ausreichend Zeit, ein paar Hundert Meter zu schwimmen. Um 10:15 Uhr nehme ich die Fahrradfähre vom Freester Hafen nach Peenemünde auf Usedom. Ich bin so gut drauf, dass ich auch auf die kleine Frotzelei eines Passagiers hinsichtlich meiner schwarzgelben Farbgebung:

„Oh, bekomm ich jetzt meine Post" wie aus der Pistole geschossen kontere: "Nein, keine Sau will was wissen von Dir!"

Weil seine Gruppe wohl endlich etwas zu lachen hat, bekommt er noch einen Satz rote Ohren dazu.

Im Hafen von Peenemünde fällt natürlich gleich das U-Boot-Museum auf. Auf dem Foto habe ich das konventionell angetriebene U-Boot U-461 der ehemaligen baltischen Rotbannerflotte festgehalten. Ende der Fünfziger Jahre wurde dieser U-Boot-Typ als Gegenwaffe von gegnerischen „Überwassergruppierungen, speziell US-Flugzeugträger-Kampfgruppen" entwickelt. Geplant waren 72 Einheiten, tatsächlich kamen aber nur 16 in Dienst, die restlichen sind im Zuge des forcierten Baus von nuklear getriebenen U-Booten gestrichen worden. Das Boot ist 100 m lang und hat ein Gewicht von 4000 t.

Das Heutige Historisch-Technisches Museum, bzw. die ehemalige Heeresversuchsanstalt Peenemünde liegt nur wenige Kilometer nordostwärts und war zwischen 1936 und 1945 eines der modernsten Technologiezentren der Welt. Im Oktober 1942 gelang von hier aus der weltweit erste Start einer Rakete ins All. In der benachbarten Erprobungsstelle der Luftwaffe wurden Flugkörper mit revolutionärer Technik getestet. Die Forschung diente jedoch von Beginn an nur einem Ziel: Hochtechnologie sollte militärische Überlegenheit schaffen.

Nur durch den massiven Einsatz von Zwangsarbeitern, KZ-Häftlingen und Kriegsgefangenen waren die Errichtung der Versuchsanstalten und die spätere Massenproduktion der Rakete, die Goebbels zynisch "Vergeltungswaffe 2" nannte, in so kurzer Zeit möglich. Bei der Produktion unter unmenschlichen Bedingungen und beim Beschuss belgischer, englischer und französischer Städte mit der "Wunderwaffe" verloren Tausende Menschen ihr Leben.

Die Nutzung modernster Technologie und die historische Entwicklung bilden den Schwerpunkt der Ausstellung des Historisch-Technischen Museums Peenemünde, das im Kraftwerk der ehemaligen Heeresversuchsanstalt - dem größten technischen Denkmal Mecklenburg-Vorpommerns - zu besichtigen ist. Darüber hinaus ist das Museum eine internationale Begegnungs- und Kulturstätte und erhielt für friedensfördernde Aktivitäten im Jahr 2002 das Nagelkreuz von Coventry.

Der nagelneu angelegte Radweg Richtung Ostseebad Karlshagen führt durch munitionsverseuchtes Gebiet, und es ist aus Sicherheitsgründen verboten, den Weg zu verlassen. Das 445 km² weite sanft gewellte Eiland Usedom, die zweitgrößte und östlichste der drei Ostseeinseln Deutschlands, wird durch den Peene-Strom und das Oderhaff vom Festland getrennt. Usedom mit seiner 42 km langen Außenküste wird auch als die Pommersche Riviera bezeichnet und ist mit dem idyllischen Hinterland die sonnenreichste, klimatisch mildeste und regenärmste Insel Deutschlands.

Die Strände sind bis 70 m breit und zumeist feinsandig. Wegen der anhaltenden Hitze habe ich tatsächlich das Gefühl nicht im Norden, sondern irgendwo in der Südsee zu sein.

2004 wurden die Strände in Trassenheide, Zinnowitz, Heringsdorf, Bansin und Ahlbeck mit dem europäischen Umweltsymbol, der Blauen Flagge, ausgezeichnet. Die Besonderheit der Insel Usedom liegt in ihrer landschaftlichen Vielfalt und im Übergang von Salz - und Süßwasser zwischen Ostsee und Peene-Strom. Usedom beheimatet 13 Naturschutzgebiete. Auf mehr als 100 km Radwegen und mehr als 400 km ausgeschilderten Wanderwegen kann man die schöne Insellandschaft erkunden und neben weiten Stränden auch Steilküsten, dichte Rotbuchen- und Mischwälder, Hügel, flache Wiesen und Biotope, die große Graureiherkolonien beheimaten, entdecken.

Das inmitten eines malerischen Laub- und Nadelwaldes gelegenen und an die Wiesen des Trassenmoores angrenzende Ostseebad Karlshagen mit dem Ortsteil Trassenheide ist der ideale Urlaubsort für Familien, Naturliebhaber und Campingfreunde. Der Landstrich lädt ein zum Spazierengehen und Radfahren auf sehr gut ausgebauten Wegen durch schattige Wälder und endlose Wiesenlandschaften neben dem Peene-Strom. Ich habe hier die schönste Brandung und absolut klares Wasser (algenfrei) erlebt. Den Campingplatz kann ich wirklich empfehlen. Man kann gut einkaufen und essen gehen, sowohl auf dem Zeltplatzgelände wie auch im nahegelegenen Ort. Zudem verfügt der Platz auch über moderne Ferienhäuser und Appartements. Die sanitären Einrichtungen sind brandneu und toppgepflegt.

Die ersten Hügel in den Radwegen machen die Fahrt nach Südosten wieder etwas anspruchsvoller. Die Splitwege in den Hochwäldern sind knochentrocken, das Rad läuft leicht, Sonne und Wind sind weitgehend „ausgeschaltet" nur die Steigungen sorgen wieder für eine gewisse Anregung des Kreislaufes und bringen meinen Puls auf „Arbeitsfrequenz" (die bei mir bei 133 liegt). Wenn man bedenkt, dass man unter Beibehaltung dieser Minimal-Frequenz erst so etwa nach 30 Minuten überhaupt anfängt, nennenswert Fett zu verbrennen, ist Abnehmen nur durch Fahrradfahren doch ziemlich mühselig. Denn in einer halben Stunde lege ich trotz der Gewichte ungefähr 10 km zurück und dann bin ich zumindest auf Usedom längst in einer nächsten Ortschaft mit dichter Strandpromenade, lockenden Restaurants oder am Strand. Das heißt, Usedom wird keine positiven Auswirkungen auf meine anatomischen Problembereiche haben.

Die Strandpromenaden, das gilt generell für alle „Schickimicki" Seebäder sind regelrecht vollgestopft mit Touristen. Hier kann (darf) man nur noch schieben. Dies empfinde ich jedoch keineswegs als negativ, nur so kann ich schließlich die prächtigen Fassaden der Super-Villen, die teilweise sehr fantasievoll gestalteten Gärten und natürlich auch so manch anderes interessant gestaltetes Wesen bewundern. Es ist zudem auch angenehm entspannend, vom Sattel runterzukommen und ausgiebig die Glieder zu stretchen. Mindestens einmal pro Seebad nehme ich außerdem erfrischende „Wasserproben". Herrlich!

Nach Zinnowitz ist es nicht sehr weit, aber weil mir eine weitere Fischbude und ein Wellenbad dazwischen kommen, benötige ich doch ein bisschen länger.

Das uralte Fischerdorf Zinnowitz, mit seinem über 150 jährigen Badeleben, ist heutzutage das größte, traditionsreichste und ansehnlichste Seebad und dennoch ein fröhlicher Badeort mit vielfältigem Kultur- und Freizeitangebot im Nordwesten der Insel.

Zu Beginn des 20. Jahrhunderts entstanden Hotels und Pensionen in der typischen beeindruckenden Bäderarchitektur, die gemeinsam mit der großzügig angelegten breiten Kurpromenade ein einmaliges Bild ergeben.

Auch Koserow verfügt über all die bereits genannten positiven Attribute, gleichzeitig ist es der größte Ort auf der Wespentaille, der nur 300 m breiten Landenge zwischen Zempin und Kölpinsee im Herzen Usedoms. Der staatlich anerkannte Kurort schmiegt sich an die Ausläufer des Streckelsberg der von seinem 60 m hohen Steilufer dem Betrachter einen fantastischen und einzigartigen Blick auf das Meer bietet. Und hier beginnt auch der von mir so getaufte „Gebirgspfad" mit mehreren saftigen Steigungen (und Gefällestrecken) von bis zu 16% in Richtung Süden. Der kleinste und jüngste Ort an der Usedomer Ostseeküste ist der weniger bekannte, aber nicht minder schöne Kurort Bansin, der unter Insidern als Geheimtipp gilt. Es gibt einen 10 km langen, feinsten Sandstrand. Das Leben pulsiert vor historischen Kulissen der imposanten wilhelminischen Villen mit dem luxuriösen Charme der Gründerzeit.

Da jetzt kein weiterer Zeltplatz mehr in Deutschland zu erwarten ist, beschließe ich, heute noch weiter bis nach Swinemünde zu fahren, um dort zu übernachten. Dann kann ich auch die obligatorische Ansichtskarte aus unserem Nachbarland zurückschicken, die gleichzeitig den östlichsten Punkt meiner Tour markieren soll.

Was hier wie ein harmloser Hügel wirkt, quält mich immerhin mit 16% Steigung.

Außerdem bin ich schließlich nicht jeden Tag mit dem Rad in Polen und möchte doch mal sehen, wie weit unsere Nachbarn den westeuropäischen Standard eingeholt haben. Wir sollen doch möglichst oft über den Zaun gucken.

Aber erstmal erreiche ich jetzt Heringsdorf. Es ist nach Swinemünde das zweitälteste und nicht minder vornehme Seebad auf der Insel Usedom. Das See- und Solbad ist das Zentrum der traditionsreichen noblen Kaiserbäder, in denen in früheren Zeiten gerne der deutsche Hochadel verweilte. Das einstige Fischerdorf war jedoch der mit Abstand beliebteste Erholungsort der Aristokratie auf Usedom und exklusives Luxuskurbad der Berliner High Society und Stettiner Elite, die hier ebenso wie auf dem gründerzeitlichen Ku'damm prachtvolle, üppige und überladene Villen entstehen ließen. In diesen frühen Zeiten war von Massentourismus noch keine Spur. Viele prominente Gäste konnte Heringsdorf begrüßen und heute, zwar nicht prominent, mich! Auf der berühmten Seebrücke habe ich mich spontan selbst zum Kaffee eingeladen! Nach dieser Pause setze ich mich wieder in Richtung Südost in Bewegung.

Ahlbeck ist nicht nur eines der schönsten und elegantesten Seebäder auf der Insel Usedom, sondern auch das östlichste und volkstümlichste der drei mondänen Kaiserbäder. Die edlen Villen wurden im Stile der, ein mediterranes Flair versprühenden Bäderarchitektur errichtet und sind verziert mit Stuck, Türmchen, Erkern, Zinnen und Holzanbauten.

Mit den tollen Seebädern geht es mir ähnlich, wie mit den Fjorden in Norwegen: Wenn man zwei bis drei davon erlebt hat, fängt es an, nicht mehr ganz so spannend zu sein.

Ich verlasse jetzt Ahlbeck und kurze Zeit später auch den Ostseeküstenradweg, der hier nach Süden in Richtung Usedom (Ort) abbiegt. Den ehemaligen Grenzverlauf kann man noch deutlich als „Schneise" durch den Hochwald erkennen.

Ich erlebe zuerst überquellende und stinkende Abfallbehälter, die an den Zuwegen der Ostseestrände aufgestellt sind. Und schon bin ich im polnischen Swinemünde, die einstige Inselhauptstadt und das ehemals größte Seebad Deutschlands. Entlang der Strandpromenaden stehen vergleichbare Prunkbauten und es macht auch sonst einen sehr positiven Eindruck. Aber schon die südlicheren Parallelstraßen weisen deutlich einfachere Bauwerke auf. Der Zeltplatz liegt etwa 300m südlich des Strandes. Hier sind die Unterschiede schon heftig. Der Campingplatz ist aber O.K. Es gibt einfache sanitäre Einrichtungen. Das Toilettenpapier ist zentral an einer Wand aufgehängt, und wenn alles gut geht, reist man sich eine „geschätzte Länge mit Sicherheitszuschlag" ab und verschwindet damit auf dem Örtchen. Leicht auszumalen, was passiert, wenn jemand die ganze Rolle mitnimmt!

Kein gelungenes Beispiel ist die Zeltplatzanmeldung. Nicht nur, weil es in dem kleinen Holzhüttchen sehr heiß ist, sondern auch weil mit jedem Hereinkommenden, egal ob er an der Reihe ist oder nicht, unendliche Dialoge gehalten werden. Als ich endlich einchecken darf, bedeutet mir die sichtlich überforderte junge Dame, ich solle mir erst einmal in dem Areal „sowieso" einen Platz suchen und das Zelt aufbauen. „O.K" meine ich und tue, wie mir aufgetragen. Danach gehe ich wieder in die Miefbude zurück, um noch einmal diesem endlosen „jadi-jadi-jadi" zu lauschen. Dem stressigen Tonfall nach zu urteilen – verstanden habe ich außer dobra, dobra natürlich gar nichts - müssen diese werten Camper irgendwelche schwerwiegenden, unaufschiebbaren Probleme mit weggelaufenen Kindern, vergessenen Wohnwagen oder abgebrannten Ferienhäusern haben. Es ist mir schon sehr bald zu anstrengend und ich gehe einfach wieder weg.

Nebenan ist eine Kneipe. Auch hier ist es stickig und heiß aber das Kühlfach beherbergt das einzig Richtige und Wichtige: ein erfrischendes polnisches Bier, und zwar in der handlichen halb Liter Version. Da braucht man nicht so oft zu laufen (zum Bierholen, mein ich!)

„Was Deftiges dazu wäre jetzt auch nicht schlecht" denke ich und bestelle noch einen Hamburger. Er kommt nach kurzer Wartezeit als „Hochkant-Version" in einem zur Tüte gefalteten Papier, ähnlich den dänischen Pölsern und da musste ich auch schon immer sehr konzentriert vorgehen, um mich nicht völlig zu besudeln! Es wird mir beim Reinbeißen schnell klar, dass nur die Erfahrenen „unfallfrei" mit diesem Gerät klarkommen. Geschmeckt hat es jedenfalls sehr gut. Ich habe noch ein weiteres Bier benötigt, um die letzten Spuren des Hamburgers nachhaltig hinunterzuschwemmen.

Das Besondere an diesem Abend aber ist das Endspiel der Fußballweltmeisterschaft, Spanien gegen die Niederlande und das in polnischer Sprache und gänzlich ohne jegliche Untertitel! Aber Fußball hat ja bekanntlich seine eigene Sprache. Es wäre mit Sicherheit wesentlich interessanter geworden, wenn die Polen das Endspiel bestritten hätten!

Bevor ich ins Reich der Träume abwandere, nehme ich mir für Morgen vor, beim Touristenbüro zu erkunden, ob es ein Schiff nach Rügen gibt. Ich könnte aber auch nach Rönne, auf meine Lieblings-Ostsee-Insel Bornholm verschwinden, aber dann würde ich über Kopenhagen und zurück nach Haus auf der Vogelfluglinie wieder Rügen verpassen. Wir werden sehen. Ich schalte meine Stirnleuchte an, dimme die Lichtleistung auf halbe Kraft und lese noch ein paar Zeilen in E. Annie Proulx Werk: „Herzenslieder" in dem sie unter anderem über skurrile Einzelgänger schreibt. Komisch denke ich, sind das etwa solche Typen wie ich?

12.7. Swinemünde - Karlshagen

Wie immer habe ich eine ungestörte erholsame Nacht verbracht. Lager abbauen, frühstücken und einfach abfahren. Ach, nicht zu vergessen: Ich will den lieben Nachbarn ja nichts schuldig bleiben. Also halte ich noch vor dem Schlagbaum und gehe zum Bezahlen in die Rezeption. Mit zwei Schweden warte ich auf das Ende einer weiteren langen Diskussion oder ist das immer noch eine von gestern Abend? Die Schweden verdrehen etwas genervt die Augen, sie finden die Organisation und das lange Warten in dieser muffigen Hütte auch nicht so spannend. Sie wollen weiter fahren und sich unter anderem noch Lübeck anschauen.

Endlich darf ich meinen Wunsch vortragen und erkläre auf feinstem Englisch, dass ich bitteschön auschecken möchte, „unfortunately no Sloties" dabeihabe und ob sie einen Zehn Euro Schein akzeptieren würde. Würde sie, erwidert sie, aber erst einmal sollte ich mir im Areal „sowieso" einen Zeltplatz suchen und alles aufbauen! An dieser Stelle hatte ich trotz meines guten, gesunden Frühstücks ganz im Geheimen eine Lust verspürt, einfach „Jawoll" zu sagen und zu gehen. Aber ich bin gut erzogen und gut erholt und erkläre alles noch mal ab „Guten Morgen". Jetzt holt sie einen großen sehr umständlich und sehr ausführlich wirkenden Fragebogen aus der Schublade. Die Schweden hinter mir fallen wohl gerade vom Glauben ab. Ich lasse den Bogen unangetastet und frage in aller Ruhe: „Was kostet bitte ein kleines Zelt, eine Person, kein Auto und kein Strom in dem Areal „sowieso"?

Es sind umgerechnet 6 €, ich überrede sie, das Geld anzunehmen, mir die Differenz in Sloties zu geben, da ich noch Ansichtskarten und Briefmarken kaufen wollte. Na endlich! "Do widzenia!"

Wenig später finde ich mich mit einigen anderen Reisenden vor dem noch verschlossenen Reisebüro direkt am Hafen wieder. Wir warten geduldig und schließlich kommen zwei Angestellte und öffnen die Tür. Der erste Reisende macht den Fehler und geht direkt hinterher und wird postwendend unsanft wieder hinausgebeten.

„Sie müssen alles vorbereiten, sie rufen uns dann einzeln herein!" Übersetzt mir ein Mitwartender als Reaktion auf mein Stirnrunzeln. Nach einigen Minuten dürfen wir dann. Ich bekomme ein Prospekt mit den verschiedenen Abfahrtzeiten, fertig!

Da von Swinemünde aus kein Schiff nach Rügen fährt, mache ich mich auf den Rückweg nach Usedom.

Mein neuer Plan ist es, morgen früh von Peenemünde aus mit dem Schiff nach Rügen zu fahren. Dazu will ich möglichst nah bei Peenemünde übernachten.

Ich stelle fest, dass erstens die Strecke zurück irgendwie kürzer geworden zu sein scheint und zweitens: Je weiter ich auf Usedom nach Nordwesten fahre, desto klarer wird das Wasser und schöner die Strände. Zwischendurch lasse ich mich mit Fischgerichten verwöhnen und nachmittags passt gut etwas Geschmacksneutralisierendes, zum Beispiel ein leckeres Stück Obsttorte mit einem Gebirge von Sahne und einem anregenden großen Milchkaffee. Diese Art, einen Radlerurlaub zu erleben, ist so erholsam, so absolut stressfrei und vollkommen, dass dies meiner Ansicht nach durch nichts zu toppen ist.

In Koserow schau ich mir mal für alle Fälle den zweitletzten Zeltplatz vor Peenemünde an. Vor der Rezeption steht ein Fahrrad mit einem Einradanhänger der Marke Bob-Yak. Ich mustere die Konstruktion und weiß, dass man für dieses in den USA entwickelte Gefährt 450 € plus knapp 200 € für Kupplungszubehör und den wasserdichten Transportsack hinblättern muss. Der Besitzer kommt gerade auf mich zu und eine lange Fachsimpelei beginnt. Er bezeichnet das Fahrverhalten seines Gespanns als etwas „schwabbelig", was meines Erachtens aber an seinem zierlichen umgebauten Rennrad liegt.

Wir werden unterbrochen, weil seine Frau mit zwei weiteren jungen Leuten gerade aus der Rezeption kommt und enttäuscht erklärt, „wer keine Reservierung hat, bekommt keinen Platz".

Wir verabschieden uns und nun versuche ich trotzdem mein Glück. Für eine Nacht hätten sie kein Problem, mir einen Platz für mein kleines Zelt zu geben. Dadurch ermutigt beschließe ich, nach Karlshagen – Trassenheide weiterzufahren. Unterwegs treffe ich die Camper mit dem Bob-Yak an einem Kiosk wieder. Sie wissen nicht so recht, was sie nun in Sachen Übernachtung anstellen sollten.

Ich erzähle ihnen, wie mein Anmeldeversuch abgelaufen war: Ich rate ihnen, erstens, den jungen Mann zu der Rezeptionistin hineinzuschicken und zweitens, es mal einzeln mit der Masche: „ein kleines-Zelt-für-eine-Nacht-" zu versuchen. Sie bedanken sich und fahren noch einmal zum Campingplatz zurück.

In Karlshagen bekomme ich einen sehr schönen großzügigen Zeltplatz, der frei wurde aufgrund einer Absage. Die herrlichen Fluten der Ostsee am Zeltplatzstrand musste ich unbedingt im Bild festhalten: Luft: 34 und Wasser 24 Grad! Ist das nicht GEIL? (Dieser Ausdruck passt eigentlich nicht zu mir, aber dieses Mal ist er unbeschreiblich zutreffend!)

13.7. Karlshagen - Juliusruh

Heute stehe ich ausnahmsweise früher auf als üblich. Ich möchte in Ruhe frühstücken, will um 8 Uhr auschecken und um 8:40 Uhr spätestens in Peenemünde am Hafen sein. Heute fällt es mir – wie üblich – wieder schwer, einfach abzuhauen, das muss ich offen gestehen! Dieses ewige Abhauen ist eindeutig ein Nachteil von Radwanderungen!

Ich brauche nur knapp 20 Minuten bis zum Hafen. Das Schiff steht schon am Kai. Die Besatzung ist noch mit den Vorbereitungen für die Überfahrt beschäftigt. Mein Fahrtziel ist das Ostseebad Göhren im Südosten von Rügen, der größten deutschen Insel. Die Gegend wird Mönchgut genannt, das die Halbinsel von Thiessow bis Baabe bezeichnet.

Auf dem Schiff müssen alle Fahrradreisenden erst einmal ordentlich arbeiten, nämlich Fahrräder und Ausrüstung eine sehr enge und steile Treppe auf das höhere Deck hinauftragen. Danach genießen wir die lange Seefahrt und die Informationen des Kapitäns über Baggerschiffe, Munitionsfunde aus den Weltkriegen, während der Schwedenkriege versenkte Schiffe in der Fahrrinne und der Tätigkeit der Rohrlegerschiffe. Die Küstenlinie Rügens kommt langsam näher. Für einen zweiten Kaffee ist natürlich auch noch Zeit. Beim Verlassen des Schiffes trägt ein Matrose meinen Fahrradanhänger auf der Seebrücke ein gutes Stück hinter mir her. Toll, so was habe ich noch nicht erlebt.

Seebrücke Göhren: Da muss man erst mal durch mit Fahrrad und Anhänger!

Göhren, Baabe und Sellin sind schicke Seebäder. Eine Promenade ist prunkvoller als die andere. Dass ich natürlich nicht der Erste bin, der dies erkannt hat, wird mir angesichts der vielen Touristen siedend heiß bewusst. Die Küstenradwege sind absolut makellos. Hier wurde richtig Geld investiert, die „Weiße Industrie" floriert.

Die erste fürchterliche Steigung beginnt an der Steilküste nördlich von Sellin im Biosphärenreservat. Ich muss absteigen und sehr weit nach vorn übergelegt wuchte ich das knapp 50 Kilo wiegende Gespann den Berg hinauf und das alles nur, um auf der anderen Seite einfach wieder hinunterzubrausen!

In Binz fällt mir ganz zufällig ein Friseurgeschäft auf – entweder lag es an den hübschen Mädchen, die unschwer durch die großen Fenster zu erkennen waren oder daran, dass mich heute Morgen ein weihnachtsmannähnlicher Typ im Spiegel angeglotzt hatte.

Jedenfalls halte ich spontan an und frage nach einem zünftigen Maschinenhaarschnitt und einer Maschinenrasur. 6mm Haar- und 3mm Bartlänge wären schon recht. Die Friseurin stuft mein lichtes Haupthaar erst einmal mit dem 3-mm-Einsatz ab, das würde einen besseren Übergang ergeben, erläuterte sie mir, aber, wohl, weil wir uns so angeregt unterhalten hatten, ist am Ende dann alles 3mm geworden! Nun, ich habe sie natürlich nicht wegen Körperverletzung verklagt, weil sich dieser Sträflings-Look im Endeffekt ja nur positiv auf meine Windschnittigkeit auswirken konnte, außerdem kennt mich hier ja sowieso niemand.

Richtung Sassnitz geht es leider längere Zeit an einer viel befahrenen Bundesstraße entlang und schließlich gibt es statt eines Radweges nur noch einen jämmerlichen Trampelpfad. Gut, dass ich kein Zweiradanhänger habe und mein Anhänger haargenau in der Spur des Fahrrades rollt.

In Sassnitz beginnt der Hochuferwanderweg zur Stubbenkammer. Der ist aber für Fahrradfahrer nicht benutzbar. Also kämpfe ich mich zunächst auf einer grottenschlechten, mit riesigem Kopfsteinpflaster versehenen Straße, die steil aus Sassnitz herausführt, bergauf. Die Straßendecke wird dann zwar deutlich besser aber es geht stark ansteigend und ohne Radweg schier endlos hinauf durch dichten Laubwald in den Nationalpark Jasmund. Diese Straße hätte ich genauso überall in unseren Mittelgebirgen erleben können! (Ein Grund, weshalb ich selten in Mittelgebirgen unterwegs bin!) Aufgrund der Tatsache, dass mir viele Radfahrer entgegengebraust kommen, bin ich sicher, dass dies tatsächlich auch der einzige (Rad) weg ist.

Blick vom 118 m hohen Aussichtspunkt, man achte auf die Leute am Strand!

Die unverwechselbare Kreidesteilküste ist selbstverständlich Pflichtprogramm. Ich hätte vorher aber doch ein intensiveres Kartenstudium betreiben sollen, dann wäre mir unter anderem auch bewusst gewesen, dass es hier Erhebungen von bis zu 161 m gibt, und zwar ab Normal Null!

Am Königsstuhl lasse ich das Fahrrad stehen und marschiere zur Abwechslung auf dem Rundweg entlang, um die Kreidefelsen von oben zu besichtigen. Das Wahrzeichen der Insel Rügen, der Königsstuhl, ist ein 118 Meter hoher zerklüfteter Kreidevorsprung im Nationalpark Jasmund. Von seiner ca. 200 qm großen Plattform hat man einen weiten Ausblick auf das Meer und die Küstenlinie.

Zu erreichen ist die Plattform über schmale Stufen, unter denen sich ein Hünengrab aus der Bronzezeit befindet. Daher rührt wahrscheinlich auch der Name des Königsstuhls.

Vermutlich ist der Blick von See aus auch sehr spannend. Diesen Anblick hebe ich mir aber – wie immer - für eine spätere Rügentour auf.

Die Weiterfahrt führt mich auf einsamsten Splitwegen durch dichte Wälder. Es ist sehr still hier, plötzlich kreuzen sogar zwei Rehe direkt vor mir den Weg. Was behaupte ich, Weg? Jetzt ist es höchstens noch ein Pfad, habe ich mich etwa verfahren? Doch dann sehe ich ein kleines Schild mit dem Hinweis auf den Ort „Nipmerow". Dort gibt es zwar einen Zeltplatz, allerdings liegt er mitten im Wald und weit weg von der Küste. Und, obwohl es schon wieder Zeit wäre, beschließe ich nach kurzem Augenschein, weiterzufahren. Die Tage sind ja lang genug in dieser Jahreszeit, was übrigens einer der Gründe war, noch im Juni loszufahren.

Die Streckenführung ist super. Anfänglich gibt es zwar noch fordernde Hügel, ganz allmählich aber wird es flacher. Vorbei am Schloss Spycker und dem gleichnamigen See rolle ich nach Glowe und folge dem Küstenradweg entlang der Schaabe bis zum ersten Campingplatz in Juliusruh.

Naturschutzgebiet Spycker

Superstrand am Zeltplatz in Juliusruh! Ganz hinten sieht man Kap Arkona

Hier ist Endstation. Heute Abend ist nach einem herrlichen Bad nur noch Ruhe angesagt, Ruhe? Quatsch, Livemusik auf dem Zeltplatz, Oldies für Oldies. Es kommen viele Leute und ich habe den Eindruck, dass ein großer Teil gar nicht zum Zeltplatz gehört. Tja, manchmal ist es so allein in einem Hotel oder in einer Pension wohl doch ein bisschen langweilig. Ich fühle mich jedenfalls, mal wieder, gar nicht allein!

14.7. Kap Arcona

Heute beschließe ich, das Lager nicht abzubrechen, ausgiebig zu frühstücken und nach einem herrlichen See- und anschließendem Sonnenbad ein kleines, unanstrengendes Besichtigungsprogramm zu absolvieren. Das besteht aus einer Radtour (wer hätte das gedacht?) aber dieses Mal ohne Gepäck und Anhänger.

Ich fahre auf makellos präparierten Teer- und Splitradwegen immer dicht oberhalb der Steilküste entlang in Richtung Kap Arkona. Ich muss mich beherrschen, nicht zu schnell zu fahren - ohne den gewohnten schweren Ballast!

Im malerischen Fischerdörfchen (Heringsdorf) Vitt steigt mir ein pikanter, intensiver Räuchergeruch in die Nase. Im wahrsten Sinne „immer der Nase nach" finde ich schließlich am Strand eine kleine Fischräucherei. Beim Lesen der einfachen Menükarte – Fisch, Fisch und noch mal Fisch – läuft mir bereits das Wasser im Mund zusammen. Ein saftiges dickes Stück Makrele mit einem äußerst leckeren Räucheraroma und eine üppige Scheibe frischen Landbrotes werden die Meinen! Hier kann man`s aushalten!

Die kleine Ortschaft Vitt mit der feinen Fischräucherei!

Die Aussicht auf Kap Arkona ist spektakulär. Vitt, ein Dorf, das schon im 10. Jahrhundert zur Burganlage Arkona gehörte, steht heute unter Denkmalschutz. Es besteht aus gerade 13 reetgedeckten Häusern und einer Gaststätte. Zu erreichen ist der Ort nur per Parkbahn, Pferdekutsche, Fahrrad oder auf Schusters Rappen.

Der Besuch der kleinen achteckigen Kapelle des Ortes ist ein muss. Sie wurde aufgrund der Bemühungen des Pfarrers und des Dichters Ludwig Gotthard Kosegarten im Jahre 1816 geweiht. Der Dichter war damals so bekannt, dass sich sogar der König von Sachsen, der Herzog von Sachsen-Weimar, die Stadt Stralsund und die Universität Greifswald an den Baukosten beteiligten.

Ich fahre weiter zum nahen Kap Arkona und besichtige die Museen und die Überreste der legendären Jaromarsburg, der Tempelburg Arkona. Sie ist ein bedeutendes Zeugnis slawischer Kulturgeschichte im Ostseeraum. Die von drei Seiten durch die Steilküste und von der Landseite durch einen 25 Meter hohen Burgwall geschützte Anlage, war vom 6. bis 12. Jahrhundert eine Kultstätte der Ranen. Inmitten der Burg stand der Tempel mit dem übermannsgroßen Abbild des Gottes Svantevit. Mit der Eroberung dieses Heiligtums durch die Dänen und Zerstörung des Tempels im Jahre 1168 wurde die Christianisierung Rügens eingeleitet.

Durch die natürliche Erosion am Kap ist im Laufe der Jahrhunderte ein Großteil der inneren Burg in die Ostsee gestürzt.

Ich beende mein Kulturprogramm und radle gemütlich zurück zu meinem Adlerhorst in Juliusruh. Der Ort könnte jetzt auch „Manfredsruh" heißen, denn jetzt gehe ich noch einmal ausgiebig schwimmen und danach gebe ich mich schamlos der Völlerei hin, während sich ein Alleinunterhalter mit Gesang und Gitarrenbegleitung redlich abmüht, mich und die anderen Gäste in Stimmung zu bringen.

15.7. Rückreise und Schlusswort

In der Nacht gab es sehr starke Böen und ich musste gegen 3 Uhr erstmals während dieser Tour das Sonnensegel abbauen. Der angekündigte Wetterumschwung ist da. Ich gehe bei der Gelegenheit zur Toilette und sehe dort jemanden, sich im Dunklen erleichtern. Ich grüße mit einem knappen „Moin, oh, urinieren wir im Dunkeln?" Er erwidert: „Ja, sonst werde ich wach und kann dann nicht mehr einschlafen!"

Am Morgen baue ich alles ab und fahre ohne Frühstück nach Wiek, um dort die Fahrradfähre nach Hiddensee zu erwischen. Falls das Schiff später fährt, kann ich dort immer noch frühstücken. Ich komme im Hafen an und sehe, wie gerade die Rampe eingezogen wird und das Schiff ablegt. Na prima, jetzt kommt Plan B! Hiddensee läuft mir nicht weg!

Direkt am Hafen suche ich mir ein windgeschütztes Plätzchen und packe die Campingkiste aus. Jetzt gibt es Müsli mit Trockenfrüchten und Milch (von gestern). Es gibt dicke Wolken am Himmel, und weil ich erstmals in Richtung Westen unterwegs bin, bekomme ich natürlich den Wind direkt ins Gesicht. Für die weitere Ausbildung der Oberschenkelmuskulatur ist das natürlich erstrebenswert.

Ich überlege:

Heute ist der 16. Tag. Meine Bodenstation hat mir mitgeteilt, falls ich noch heute zu Hause ankommen wollte, müsste ich spätestens um 14:00 Uhr vom Hauptbahnhof Stralsund abfahren. Na gut, wie schon auf anderen Touren, das Ende kommt meistens unerwartet schnell – wie im richtigen Leben! - Wenn es am schönsten ist, soll man Schluss machen. Wie zur Bestätigung fallen doch tatsächlich einige Regentropfen. Die Regenjacke konnte ich aber nach wenigen Minuten wieder in der „Nasszelle" verschwinden lassen.

Warten auf die Fähre in Altefähr. Im Hintergrund die Skyline von Stralsund

Als ich die Wittower Fähre erreiche, entscheide ich mich aufgrund der fortgeschrittenen Zeit für den kürzesten Weg über Gingst und Altefähr nach Stralsund. In Altefähr komme ich 5 Minuten vor Abfahrt der Fähre am Hafen an. Pünktlich um 13:15 Uhr legt die Fähre zur Fahrt über den Sund ab. Nach dem „Ausbooten" habe ich noch zwei Kilometer zum Bahnhof zurückzulegen. Ich komme 10 Minuten vor Abfahrt des Zuges im Hauptbahnhof an, lasse mir noch schnell eine Liste für das Umsteigen mit Angabe der Gleise geben und habe drei Minuten Zeit, zwei Ländertickets mit einem Fahrradzuschlag an einem Automaten zu lösen:

WAS ICH WIEDER NICHT SCHAFFE!

Also, steige ich in das Fahrradabteil mit den „bequemen" Klappsitzen ein und bin aufgrund der ganzen Hetzerei schon wieder ziemlich in Wallung geraten aber jetzt ist absolute Ruhe angesagt. Nachzahlen im Zug ist unproblematisch, in Rostock beim Umsteigen befinden sich Ankunfts- und Abfahrtgleis auf demselben Bahnsteig, also sehr leichtes Spiel! Hamburg hat seine bei mir sehr beliebten Rolltreppen, wieder kein Problem. In Bremen muss ich Fahrrad und Anhänger einzeln tragen, Treppe runter, 50 m durch die Unterführung und die nächste Treppe wieder hoch, dafür habe ich aber 90 Minuten Zeit! In den Zug Richtung Oldenburg/Emden kann ich mühelos das gesamte Gespann rückwärts reinschieben und am Zielbahnhof in Augustfehn vorwärts wieder hinaus. Bundesbahn fahren macht mir mittlerweile fast Spaß, wenn nur die Automaten etwas benutzerfreundlicher wären. Richtig geärgert habe ich mich über „die breite Masse der rücksichtslosen Bahnreisenden" die stampedeartig die Züge stürmen. Da wird einem beim Aussteigeversuch glatt das Fahrrad aus den Händen gerissen. Ich habe auch erlebt, dass Passagiere (ohne Fahrrad) es sich im Fahrradabteil bequem gemacht und sich über die vielen Fahrräder aufgeregt haben, die mehrere Klappsitze versperrten!

Die rücksichtsvollsten und hilfsbereitesten Mitreisenden waren die von so vielen, gerade älteren Mitbürgern, kritisierten Jugendlichen. Und obwohl ich nicht so aussehe, als könnte ich mir nicht selbst helfen, packten sie mit an, als wäre es das Selbstverständlichste von der Welt – ich musste nicht einmal fragen!

„Verstaubt aber sonst Tipp Topp!" Warten auf den Anschlusszug im Hamburger Hauptbahnhof.

Rückwirkend betrachtet hatte ich im wahrsten Sinne des Begriffes: „A COOL RUNNING" (eine gute Fahrt).

Ich hoffe, dass diese Reiseschilderung dem potenziellen Radwanderer Appetit macht. Dieses Erlebnis soll auch ganz bewusst darstellen, wie es trotz sorgfältigster Vorbereitung ganz schnell ungeahnte Drehbuchabweichungen geben kann. Aber gerade daraus entsteht das eigentliche Erlebnis, und zwar tatsächlich und original. Greifen sie nicht auf „Vorgekautes" und von irgendwelchen Geschäftemachern präparierte unselige „Komplettpakete" zurück, denn letztendlich stellen sie immer nur Kompromisse zwischen (hoffentlich) wirklich guten Absichten und wirtschaftlichen – sprich lukrativen – Möglichkeiten des Anbieters. Sie würden sich damit der viel wichtigeren Erfahrung eines einmaligen, und zwar selbst maßgeschneiderten Erlebnisses berauben.

Wer immer eine ähnliche Tour angehen möchte, der sollte seinen Plan auf keinen Fall „zu den Akten" legen, nur weil gerade niemand da ist, der ihn begleiten kann. Ich hoffe, dass aus meinen Schilderungen deutlich hervorgeht, dass man selbst in einem solchen Fall nicht wirklich allein ist und häufig in Gespräche kommt, nette Leute aus den urigsten Gründen kennenlernen kann und dass dies sogar leichter passiert, als käme man in einer Gruppe daher.

Wer das erste Mal auf Tour gehen möchte, dem rate ich aus eigener Erfahrung, erst einmal kleinere Fahrten mit mindestens zwei Übernachtungen auf verschiedenen Zeltplätzen und nicht etwa in den Gärten von Bekannten, zu versuchen. Dabei wird man erleben, ob die Ausrüstung komplett und zweckmäßig ist. Dazu empfehle ich wärmstens die detaillierten Packlisten im Anhang, die über Jahre hinweg entstanden sind, sich wirklich bewährt haben und dennoch nach jeder weiteren Fahrt einen „Feinschliff" bekommen.

Ich selbst werde zukünftig in ein gutes, doppelwandiges Zelt investieren, dann spare ich noch einmal 1,5 bis 2 kg an Gewicht und bin wesentlich schneller im Zelt Auf- und Abbau. Das macht sich bei mehrwöchigen Touren extrem bemerkbar. Dabei ist auch wichtig, dass die Verpackung nicht allzu sperrig ausfällt, maximal Länge (der Zeltstangen) soll unter 50 Zentimetern liegen.

Demjenigen, der noch zaudert und Bedenken hat, endlich loszufahren, wünsche ich Kraft und Mut. Vielleicht klappt es ja, wenn er/sie einfach mit dem Verpacken anfängt, mitunter verselbstständigt sich dann der Abreiseprozess. Für diesen Fall wünsche ich: „Augen zu und durch!" Schön wird's von selbst, garantiert!

Ich habe unterwegs viele nette Zeitgenossen kennengelernt, mich immer wieder gut unterhalten und durfte, wo immer ich hinkam, eine von Herzen kommende Hilfsbereitschaft erleben.

Landschaftlich habe ich einige der reizvollsten und angenehmsten Landschaften unserer Republik kennen und schätzen gelernt. Ein solch intensives Erleben gibt es meines Erachtens auch immer nur „im Slow-Motion-Modus". Im Gegensatz zu typischen Auto- oder Flugreisen ist nicht das zügige Erreichen des Urlaubsortes erstrebenswert, sondern der Weg ist das Ziel. Wer diese Art des Reisens zum ersten Mal versucht, dem garantiere ich, er wird die Langsamkeit neu entdecken und genießen.

Bereits beim Losfahren, direkt hinterm eigenen Gartenzaun, beginnt beim Radwanderer schon der Urlaub! Und selbst der früher x-mal durchfahrene heimatliche Nahbereich hat plötzlich ein anderes Gesicht: Er schmückt sich jetzt mit der Urlaubs-, Erlebnis- und Abenteuererwartung.

Ich bedanke mich besonders bei Angelika, meiner „Bodenstation und meiner Lebensversicherung", die nicht nur viel Verständnis für meinen, sich jährlich so ab Frühjahr entwickelnden „tierischen" Outdoor-Drang gezeigt hat, sondern wie immer, wenn es darauf ankommt, mich auch tatkräftig im größten Schlamassel unterstützt hat. Auch meiner Schwester Gabi gebührt Dank für die fachkundige Tourbegleitung in ihrer Wahlheimat Angeln.

Anhang mit detaillierten Packplänen:

D ie im Folgenden aufgeführten Gegenstände haben sich nach vielen längeren Touren in meinem Packplan etabliert. Sie stellen aber immer nur einen Kompromiss zwischen Gewichts- und Volumenreduzierung einerseits und der subjektiven Minimalanforderung an das Vagabundenleben andererseits dar.

Natürlich könnte man noch weniger Bekleidung mitnehmen, müsste dann allerdings öfter einen Boxenstopp zum Waschen und Trocknen einplanen.

Da ich weder masochistisch veranlagt bin noch zu fakirhaftem Verhalten neige, ist für mich die „Pennermatte" out. Ich verzichte gern auf das Gefühl, dass sich nachts ein Teil meines Skeletts schmerzhaft in den harten Untergrund zu bohren scheint, und erhole mich stattdessen auf mindestens 7 cm dicker Luftmatratze mit Schlafsack, locker aufgeschütteltem Kopfkissen und Baumwollinlett. Morgens bestehe ich auf ein menschenwürdiges Frühstück – ohne mampf nämlich kein Kampf – und das nenn ich dann schon Lebensqualität.

Nun zu den detaillierten, geordneten Packplänen für die Ostseetour und die Bekleidung: Ausschlaggebend für die Wahl des Bike-Dress ist abgesehen vom Wetter natürlich der eigene Geschmack. Ich hatte mich für Bermuda Shorts entschieden, weil ich die engen Stretch-Fahrradhosen als nicht salonfähig erachte. Allerdings sollte man bei großer Hitze wegen erhöhter Schweißbildung keine hellen und auch keine schwarzen Hosen tragen! Hosen, die dann regelrecht auf den Beinen „kleben", behindern die Bewegung! Fahrradhandschuhe verbessern das Feeling, weil sie die Hände weitgehend trocken halten, die Handballen zusätzlich abpolstern und die Haut beim vielen Schalten schützen. Je schwerer das Reisegefährt ausfällt, desto wichtiger sind feste Schuhe! Auch zu beachten sind die hohen Gewichte für die gefüllten Trinkflaschen. Aus hygienischen Gründen benutze ich keine der als Zubehör angebotenen „Dauer" Trinkflaschen. Die Vorstellung, wochenlang an derselben Flasche „herumzulutschen", würde mir jeglichen Appetit am Inhalt verderben. In die angepasste Halterung kommen nur noch handelsübliche 1,5 Ltr Getränke Flaschen und werden täglich erneuert.

Die im Folgenden aufgeführten Gewichte beziehen sich auf die von mir gewählte Bekleidung und Ausrüstung. Sie sollen ausschließlich deutlich machen, wie schnell sich der viele „Kleinkram" zu einer bleischweren Masse mausert!

Am Körper / bzw. am Fahrrad 100			
Lfd. Nr.	Bezeichnung	Anzahl	Gewicht
100	Mütze	0	110
101	Weste	1	470
102	Fahrradschuhe	1	1020
103	U Hemd atmungsaktiv	1	200
104	U Hose gepolstert	1	100
105	Bermudas	1	510
106	Fahrrad Socken	1	50
107	Fahrrad Handschuhe	1	50
108	Sonnenbrille	1	120
109	Apfelschorle Trinkflasche	1	1500
110	Fahrradschloss	1	800
111	Alu Dreibein Hocker	1	400

Besonders bei der folgenden Ausrüstung habe ich rigoros Gewicht eingespart. Allein die Küchenbox habe ich mehrfach verbessert, weil sie zunächst zu schwer war und natürlich an die neu beschafften Küchenutensilien angepasst werden musste. Sie besteht aus federleichtem 3mm Sperrholz und Furnierteilen.

Anhänger 600			
Lfd. Nr.	Bezeichnung	Anzahl	Gewicht
600	Fahrradküche komplett	1	2505
601	Zeltausrüstung	1	2400
602	Luftmatratze	1	900
603	Schlafsack	1	1200
604	Malerfolie als Bodenschutz	5	50

Küchenbox im Anhänger 800			
Lfd. Nr.	Bezeichnung	An-zahl	Gewicht
800	Küchenbox (leer)	1	575
801	Kocher Markill mit Kartusche	1	600
802	Pfanne Non stick	1	150
803	Topf Non stick	1	100
804	Tasse, Kunststoff, mehrfach	5	20
805	Schüssel, Kunststoff,	3	20
806	Besteck, Kunststoff	5	20
807	Flaschenöffner	1	40
808	Salz	1	20
809	Zucker Portion	20	20
810	Milch Portion	20	20

Küchenbox im Anhänger 800			
Lfd. Nr.	Bezeichnung	An-zahl	Gewicht
811	Cappuccino Portion	20	20
812	Espresso Portion	20	20
813	Abwasch Schwamm	1	20
814	Griff für Topf und Pfanne	1	20
815	Vorratsbehälter 0,3 Ltr Spüli	1	200
816	Vorratsbh. 0,3 Ltr Oliven Öl	1	200

Wegen des Gewichtstrimms darf die Lenkertasche ruhig etwas schwerer ausfallen. Sie bringt zusammen mit der 1,5 Ltr Trinkflasche immerhin über 5 kg auf die Vorderachse.

Lenkertasche 700			
Lfd. Nr.	Bezeichnung	An-zahl	Ge-wicht
700	Lenkertasche mit Unterteilung	0	625
701	Müsliriegel Naschereien	0	40
702	Geldbörse mit Ausweisen	1	100
703	Handy in linker Außentasche	1	75
704	Kleingeld in r. Außentasche	1	150
705	Pflaster und Schere	1	80
706	Tage-/Notizbuch	1	120

Lenkertasche 700			
Lfd. Nr.	Bezeichnung	An-zahl	Ge-wicht
707	Radwegekarte (Übersicht)	1	100
708	Werkzeug Set Mini Pack	1	320
709	Radmutternschlüssel leicht	1	200
710	Lese Brille im Etui	2	180
711	Ladegerät Handy	1	100
712	Sonnenschutzmittel	1	70
713	Luftpumpe Teleskop	1	150
714	Pannenspray	1	120
715	Mittel geg. Mücken- u. Zecken	1	125
716	DJH Ausweis für den Notfall	1	0
717	Kreditkarte	1	0
718	ADAC Ausweis	1	0
719	Personal Ausweis	1	0
720	Kamera digital	1	200
721	Taschenmesser Swiss	1	55
722	Kugelschreiber	1	20
713	Adressenliste/Telefonnummern	1	0
714	Schlüssel Haus/Rad Schloss	1	60
715	Fahrrad Ersatzschlauch	1	200

Lenkertasche 700			
Lfd. Nr.	**Bezeichnung**	**An-zahl**	**Ge-wicht**
716	Stirnlampe LED dimmbar	1	100
717	Erfrischungstücher, Satz	1	100
718	Desinfektionsmittel	1	150
719	Brillenreinigungstücher, feucht	1	50
720	Toilettenpapier	1	50

Zwischen den Packtaschen gibt es eine gewisse „Migration" von Gegenständen während der Reise. Die Packtasche links (Nasszelle) füllt sich mit der anfallenden Schmutzwäsche, bis endlich ein Waschtag angesetzt wird.

Packtasche links 300			
Lfd. Nr	**Bezeichnung**	**Anzahl**	**Gewicht**
300	Packtasche leer	1	850
301	Wäscheleine	1	100
302	Kajakschuhe	1	890
303	Schmutzwäschebeutel	1	50
304	Nasszeugbeutel	1	50
305	Regenjacke	1	530
306	Regenhose	1	420
307	Gamaschen	1	190
308	Handschuhe	1	100

Packtasche links 300			
Lfd. Nr	**Bezeichnung**	**Anzahl**	**Gewicht**
309	Waschmittel Rei	1	100
310	Wäscheklammern	10	100
311	Badehose	1	150
312	Toilettenpapier	1	50
313	Haushaltspapier	1	30
314	Trockentuch	1	80
315	Vliesjacke warm	1	500
350	Waschzeugbeutel	1	50
351	Dusch Gel Axe Minipack	1	60
352	Floss, Nagelknipser, Pinzette	0	300
353	Wundcreme, Hautcreme	1	300
354	Rasierzeug komplett	1	300
355	Zahnputzzeug, Set	1	250
356	Q-Tipps Mini Packung	1	100
357	Salbe Finalgon	1	150
357	Tabletten PG	1	100

Die Packtasche rechts bleibt absolut trocken und sauber. Wenn Stauraum frei wird, kann man natürlich variieren.

Packtasche rechts 200			
Lfd. Nr	Bezeichnung	Anzahl	Gewicht
200	Packtasche leer	1	850
201	Kopfkissen	1	250
202	Ersatzkartusche	1	410
203	Schlafanzug	1	200
204	Fahrradhose lang	1	270
205	U-Hosen gepolstert	3	300
206	U-Hosen	3	210
207	U-Hemden atmungsaktiv	3	600
208	U-Hemden	3	330
209	Baumwolle Inlett für Schl.Sack	1	300
210	Socken	5	250
211	Kamera Akku Ladegerät	1	150
212	Badehandtuch, Poly./Microf.	2	550
213	T-Shirts	3	600

Weitere Anmerkungen:

Weil die Packtaschen maximal gefüllt sind, benötige ich zusätzlich eine kleinere wasserdichte Tasche, die auf dem Gepäckträger sicher zwischen den Packtaschen eingebettet und mit einem Expander-Gummiband befestigt wird. Sie dient als flexibler Stauraum für alle Einkäufe unterwegs, die meistens abends, im letzten Supermarkt vor dem Zeltplatz stattfinden. Sie bietet auch Platz für

Marschverpflegung und Wasser, das zum Verdünnen der manchmal recht süßen Apfelschorle und natürlich zum Kaffeekochen unterwegs benötigt wird. Trockentuch, Frühstücks- und Müllbeutel, Haushaltspapier, Desinfektionstücher sowie Brillenputz- und Taschentücher werden ebenfalls hier untergebracht.

Beim schnellen Umsteigen auf Bahnhöfen trage ich diese Tasche ausnahmsweise auf dem Rücken, weil ich dann die Packtaschen beim Wiederankuppeln des Anhängers mit einem Handgriff ab und wieder anhängen kann.

Gewichte:

Nach vielen kompromisslosen Gewichtsreduzierungen (ich akzeptiere mittlerweile schweren Herzens Plastikgeschirr und – besteck und, mal ehrlich, ein Fläschchen köstlichen Rotweins mittels Plastikbecher „wegzukippen" ist gelinde gesagt eine Schande, ergibt sich für den reisefertigen Anhänger ein Gesamtgewicht von etwa 16 kg. Dieses Gewicht lässt sich beim Überwinden von Treppen, z. B. in Bahnhöfen noch moderat handhaben.

Wie im richtigen Leben sind Gewichtsreduzierungen eine Qual, weil sie gleichbedeutend sind mit Verzicht. So esse ich zum Beispiel ein in der Pfanne bereitetes Mahl auch direkt aus der Pfanne. Metallbesteck würde die Beschichtung beschädigen, also noch ein Sonderpunkt für das edle Plastikbesteck! Und ich spare obendrein einen Teller und was nicht existiert, muss letztlich auch nicht abgewaschen werden.

Zum Vergleich: Eine herkömmliche Bratpfanne wiegt etwa 800, ein kleiner Kochtopf 600, meine isolierte Lieblingsedelstahltasse 270, ein kleines Rotweinglas 200 und ein kleiner Flachmann gefüllt 400g. Zusammen wiegen diese fünf Teile schon rund 2,3 kg. Die lasse ich komplett zu Hause. Mit Tangria Pfanne und Kochtopf sowie mit (abwaschbaren) Kunststoff Tassen, Besteck und Bechern kommen nicht einmal 300g zusammen! Natürlich muss man dies konsequent durchziehen, wenn man kann! Die Grenzen ergeben sich schnell durch die eigenen finanziellen Möglichkeiten. Und wenn man nur selten längere Touren mit Übernachtungen fährt, dann sollte man sich ernsthaft fragen, ob man wirklich das leichteste 2-Personen-Zelt der Welt für rund 500 € haben muss.

Die beiden Packtaschen am Fahrrad sind bereits auf 8 kg abgespeckt, wobei sich die Gewichtsverteilung links/rechts (Nass- und Trockenzelle) logischerweise von Tag zu Tag verändert. Die Lenkertasche bringt komplett noch einmal etwa 2,8 kg auf die Waage.

Damit wiegt das Fahrrad (Eigengewicht 19 kg), mit allen Packtaschen, Trinkflasche, Alu-Dreibeinhocker und Rucksack 33 kg.

Noch eine Anmerkung zu den Belastungsproblemen: Es ist schwer verständlich, dass manche Hersteller ihre extrem teuren Fahrradanhänger mit dem Prädikat: „bis zu 40 kg belastbar" bewerben. Tragen sie mal einen Sack Fertigbeton die Bahnhofstreppen rauf und runter. Danach sind sie gleich wieder urlaubsreif! Andere Hersteller unterscheiden bei der Höchstbelastung zwischen Gelände und Straße. Was für ein Unfug wenn sie daran denken, wie oft sie über holprige Wege, uralte Kopfsteinpflaster Pisten oder sogar über Bordsteinkanten fahren müssen – das ist nichts Anderes als Gelände!

Sicherheit:

Gemäß STVO benötigt der Hänger kein eigenes Rücklicht, wenn das des Fahrrades nicht verdeckt wird. Neben 2 Front- und 2 Heckstrahlern habe ich sämtliche Speichen mit „3-M" Reflektoren versehen. In der Dämmerung oder im Dunkeln angestrahlt, kann man mich mit dem Rad normalerweise kaum übersehen, wenn man nicht gerade sturzbetrunken oder bekifft ist!

Weitere reflektierende Flächen befinden sich auf meiner Regenjacke, und wenn es stark regnen sollte, trage ich Gamaschen, die hinten mit einer reflektierenden Fläche versehen sind; muss bombastisch aussehen, weil dann noch die Dynamik der Bewegung dazukommt!

Während der Fahrt kommen zusätzliche Reflektoren an der Kleidung und den Pedalen zur Geltung.

Apropos äußere Wirkung: passend zur Jamaikaflagge, die deutlich den An-hänger kennzeichnet, habe ich mich bei den Packtaschen für die schwarz-gelbe Version entschieden. Die Vorteile liegen in der besseren Sichtbarkeit für andere Verkehrsteilnehmer und meine Packtaschen reflektieren Sonnenstrahlen besser als die schicker wirkende schwarze Version.

Qualität der Ausrüstung:

Nachdem ich eine Billig-Packtaschenkombination während einer früheren Reise entlang der Weser bereits am zweiten Tag zerschlissen und mich den Rest der Tour damit herumgeärgert hatte, habe ich mir geschworen, im punkto Zuverlässigkeit nicht mehr zu sparen. Ich wollte auf keinen Fall Reißverschlüsse oder Nähte, die auseinanderreißen können und keinen extra Regenschutz. Nie wieder sollte mein Gespann wegen der mehrfach mit Wäscheleinen umwickelten Gepäckstücke aussehen, wie ein havariertes UFO. Jetzt habe ich erprobte Technik vom Markenhersteller.

Mit einem Klick ist die Lenkertasche abgenommen, zwei Innentaschen reduzieren ein bisschen das „Packtaschenwühlen", wasserdichtes unverwüstliches Material, Reflektoren zur Sicherheit, ein total flexibles Befestigungssystem, das auch die Fersen des größten Schuhs beim Pedalieren Raum lässt. Und, egal, ob man schon etwas anderes in den Händen hat – z. B. die Lenkertasche – man kann sprichwörtlich im Vorbeigehen mit einer Hand am Bändsel ziehen und dadurch die Packtasche ohne zeitraubende Fummelei ausklinken, nach hinten abziehen und mitnehmen. Auch darf man beim Zusammenrollen der Taschen ruhig herzhaft zupacken, es gibt keine Schwachstellen – es sei denn, in der Packtasche befindet sich die Waschtasche und in der Waschtasche befindet sich das Dusch-Gel! In einem Fall war es jedenfalls aufgrund des Druckes von außen nicht mehr in seiner Tube!

Entfernungen:

Wer sich für Statistik interessiert, dem sei gesagt: Der ADFC macht über den Ostseeküstenradweg u. A. folgende Angaben:

„Die Länge beträgt 1.075 Kilometer von Flensburg bis Ahlbeck/Usedom." Zählt man die Rückfahrt von Swinemünde über Usedom und die Tour auf Rügen dazu, kommen so etwa 1300 km zusammen.

www.tredition.de

Über tredition

Der tredition Verlag wurde 2006 in Hamburg gegründet. Seitdem hat tredition Hunderte von Büchern veröffentlicht. Autoren können in wenigen leichten Schritten print-Books, e-Books und audio-Books publizieren. Der Verlag hat das Ziel, die beste und fairste Veröffentlichungsmöglichkeit für Autoren zu bieten.

tredition wurde mit der Erkenntnis gegründet, dass nur etwa jedes 200. bei Verlagen eingereichte Manuskript veröffentlicht wird. Dabei hat jedes Buch seinen Markt, also seine Leser. tredition sorgt dafür, dass für jedes Buch die Leserschaft auch erreicht wird

Autoren können das einzigartige Literatur-Netzwerk von tredition nutzen. Hier bieten zahlreiche Literatur-Partner (das sind Lektoren, Übersetzer, Hörbuchsprecher und Illustratoren) ihre Dienstleistung an, um Manuskripte zu verbessern oder die Vielfalt zu erhöhen. Autoren vereinbaren unabhängig von tredition mit Literatur-Partnern die Konditionen ihrer Zusammenarbeit und können gemeinsam am Erfolg des Buches partizipieren.

Das gesamte Verlagsprogramm von tredition ist bei allen stationären Buchhandlungen und Online-Buchhändlern wie z. B. Amazon erhältlich. e-Books stehen bei den führenden Online-Portalen (z. B. iBook-Store von Apple) zum Verkauf.

Seit 2009 bietet tredition sein Verlagskonzept auch als sogenanntes "White-Label" an. Das bedeutet, dass andere Personen oder Institutionen risikofrei und unkompliziert selbst zum Herausgeber von Büchern und Buchreihen unter eigener Marke werden können.

Mittlerweile zählen zahlreiche renommierte Unternehmen, Zeitschriften-, Zeitungs- und Buchverlage, Universitäten, Forschungseinrichtungen, Unternehmensberatungen zu den Kunden von tredition. Unter www.tredition-corporate.de bietet tredition vielfältige weitere Verlagsleistungen speziell für Geschäftskunden an.

tredition wurde mit mehreren Innovationspreisen ausgezeichnet, u. a. Webfuture Award und Innovationspreis der Buch-Digitale.

tredition ist Mitglied im Börsenverein des Deutschen Buchhandels.

MIX

Papier | Fördert
gute Waldnutzung

FSC® C083411

Zeitfracht Medien GmbH
Ferdinand-Jühlke-Straße 7
99095 Erfurt, Deutschland
produktsicherheit@kolibri360.de